Politische Schockwellen lassen gegenwärtig die westliche Welt erzittern. Es geht um Hass, Wut, Fake News oder vermeintliche Verschwörungen – Polarisierung ist eines der zentralen gesellschaftlichen Phänomene der Gegenwart. In den vergangenen Jahren haben sich allerorten Politiker:innen und ihre Parteien etabliert, die die demokratische Debattenkultur durch unversöhnliche und aufgeheizte Rhetorik dominieren. Dies ist Folge und Teil einer gezielten Propaganda-Strategie. Sie ist darauf ausgerichtet, den Dialog unserer Politik und Gesellschaft zu stören – und so den Kern unserer Demokratie anzugreifen. Zur Bekämpfung dieses vielköpfigen Ungeheuers, müssen wir die Propaganda durchschauen: Nur so können wir Gegenstrategien entwickeln und unsere Demokratie schützen.

ALLES PRO— PAGAN DA!

Birand Bingül

Wie Manipulation unsere Demokratie gefährdet

Atrium Verlag · Zürich

Copyright © 2023 Birand Bingül
Originalausgabe
1. Auflage 2023
© Atrium AG, Zürich, 2023
Alle Rechte vorbehalten
Umschlaggestaltung: Annemike Werth, Hamburg
© Autorenfoto: privat
Satz: Pinkuin Satz und Datentechnik, Berlin
Druck und Bindung: GGP Media GmbH, Pößneck
Printed in Germany
ISBN 978-3-85535-143-5

www.atrium-verlag.com
www.facebook.com/atriumverlag
www.instagram.com/atriumverlag

Inhalt

Einführung	Schockwellen und Monster	7
Kapitel 1	Propagandaparteien	11
Kapitel 2	Wurzeln: Die politische Idee der Propaganda	20
Kapitel 3	Zersetzung der Kommunikationsnormen	34
Kapitel 4	Verschwörungsbehauptungen: Manipulative Umdeutungsrahmen	44
Kapitel 5	Große Lügen	59
Kapitel 6	Lüge und Wahrheit – und eine letzte Wendung im Verwirrspiel	71
Kapitel 7	Dauerangriff: Die Schlacht um Normen, Fakten und Weltdeutung	80
Kapitel 8	Massenverhalten auf Social Media	88
Kapitel 9	Von Diffusionskammern, Spillover und Treppen-Argumenten	101
Kapitel 10	Die vergiftete Herzkammer der Demokratie	112
Quellen und Anmerkungen		119
Literatur		125

Einführung

Schockwellen und Monster

Wenn man die Nachrichten des Tages oder Posts in den sozialen Medien verfolgt, muss man seit einigen Jahren feststellen, dass die westliche Welt erzittert angesichts politischer Schockwellen, die insbesondere durch die liberalen Demokratien Europas und der USA rollen. Immer wieder geht es um Wut, Hass, Fake News oder vermeintliche Verschwörungen. Zu beobachten sind Angriffe auf Parlamente und Parlamentarier:innen, Gerichte und Richter:innen, Wissenschaften und Forscher:innen, Medien und Journalist:innen. Und dabei bleibt es nicht. In den vergangenen Jahren kam es in vielen Ländern zu politisch motivierten Morden. Polarisierung ist eines der zentralen gesellschaftlichen Phänomene der Gegenwart. Allerorten werden dafür vor allem Rechtspopulist:innen und Autoritäre verantwortlich gemacht. In praktisch allen Staaten der westlichen Welt haben sich in den vergangenen Jahren Politiker:innen und ihre Parteien etabliert, die mal populistisch, mal autoritär genannt werden: Donald Trump in den USA, Putin in Russland, Erdoğan in der Türkei, Orbán in Ungarn, die AfD in Deutschland. Rechter Couleur finden sie sich in Europa außerdem in Belgien, Dänemark, England, Finnland, Frankreich, Griechenland, Italien, den Niederlanden,

Österreich, Polen, Schweden, der Schweiz, der Slowakei, Spanien und Tschechien. Es gibt sie aber auch in der linken Variante, wie Syriza in Griechenland und Podemos in Spanien. Die Liste ist lang. Und die Wahlerfolge reißen nicht ab. Giorgia Meloni errang mit der rechtsradikalen Fratelli d'Italia im Herbst 2022 den Wahlsieg und wurde zur Ministerpräsidentin Italiens. In Schweden kamen die Schwedendemokraten kurz zuvor auf mehr als zwanzig Prozent und wurden damit zu einer einflussreichen Größe in dem sozialdemokratisch geprägten Land.

Das Phänomen der Populist:innen und Autoritären wurde in jüngerer Zeit ausgiebig von Expert:innen verschiedenster Disziplinen analysiert.[1] Dennoch attestierte *Zeit*-Chefredakteur Giovanni di Lorenzo in einer Titelseiten-Story nüchtern: »Gegen ihre Feinde haben demokratische Parteien noch kein wirksames Mittel gefunden.«[2] Die finnische Investigativjournalistin Jessikka Aro kommt zu dem Schluss, die westlichen Staaten seien »für die Herausforderungen einer organisierten Verbreitung von Hass im Internet schlicht nicht gerüstet«.[3] Aro weiß, wovon sie spricht. Sie hat sich, unter schwersten persönlichen Anfeindungen und gegen sie gerichteten Hetzkampagnen, ein internationales Renommee als Spezialistin für den russischen Informationskrieg aufgebaut.

Doch wie kommt es, dass die sogenannten autoritären Parteien so viel Macht und Einfluss gewinnen konnten? Möglicherweise liegt der Grund darin, dass nicht gut genug verstanden wird, was diese Feinde wie tun und warum – und ohne richtige Diagnose kein hilfreiches Rezept.

Dieses Buch will aus Sicht eines Kommunikationsexperten einen Beitrag zum besseren Verständnis, sprich zur präziseren Diagnose, leisten. Zunächst sind dafür die populistisch und autoritär genannten Parteien und Bewegungen als das zu begreifen, was sie eigentlich sind: Sie sind Parteien, die systematisch Propaganda nutzen. Sie sind Propagandaparteien. Sie nutzen ein komplexes und aufwändiges Konzept. Es existiert eine Blaupause für Propagandaparteien und solche, die es werden wollen: Strategien und Maßnahmen, Sprache und Techniken fügen sich zu einem System der Propagandamaschinerie zusammen, in der das Ganze mehr ergibt als die Summe seiner Einzelteile. Dieses Propagandakonzept fußt in ungeahntem Maße auf den tieferen Propagandalogiken von Adolf Hitler und Joseph Goebbels. Goebbels beschrieb Propaganda als »Avantgarde« und »Bahnbrecherin der Realpolitik«.[4] Mit der nationalsozialistischen Mutter aller modernen Propaganda muss sich auseinandersetzen, wer das Heute entschlüsseln möchte. Diese kommunikativ-historischen Bezüge werden in *Alles Propaganda!* immer wieder hergestellt.

Die Propaganda dient ganz bestimmten Zielen. Propagandaparteien streben Macht um der Macht willen an. Sie polarisieren mit dem Ziel, den gesellschaftlichen Dialog zu vergiften. Wird der Dialog unmöglich gemacht, erstarrt die Meinungsbildung, und die Demokratie wird gelähmt. Sie tut sich sehr schwer, Ergebnisse zu liefern, gerade in strittigen Fragen. All das spielt den Propagandaparteien in die Hände.

Propaganda blendet und verführt. Sie untergräbt und verwirrt. Sie zerstört und vernichtet. Wer die westliche Demokratie schützen will, muss die Propaganda der Gegenwart in ihrer Gänze und Tiefe erkennen und durchschauen. Sonst werden Gegenstrategien allenfalls

Stückwerk bleiben und der Vormarsch der Propagandakrieger:innen weitergehen. Propaganda ist das größte Ungeheuer der Gegenwart. Es hat viele Arme und Köpfe. Und doch scheint es zuweilen, mitten auf der politischen Bühne stehend, übersehen zu werden oder unsichtbar zu sein – mit fatalen Folgen für die liberale Demokratie.

Kapitel 1
Propagandaparteien

Wenn man das Monster der Propaganda verstehen und seinen Schockwellen etwas entgegenstellen will, muss man zunächst das Wesen einer Propagandapartei erkennen. Landläufig kursieren verschiedene Bezeichnungen, die jedoch den Kern des Phänomens verfehlen. Der viel diskutierte Begriff des Populismus zum Beispiel ist schlichtweg irreführend. Er zielt auf die Beziehung der Populist:innen zum Wahlvolk. Dabei ist der Wunsch, die Stimme des Volkes zu sein, nur vorgetäuscht. Es geht um die Verführung der Menschen, um ihre Gefolgschaft zu sichern. Der entscheidende Wesenskern ist die Beziehung *zur Kommunikation* mit der Bevölkerung. Mit anderen Worten: Ein Politiker kann prinzipiell populistisch handeln, ohne propagandistisch zu werden. Und viele Politiker:innen der liberalen Demokratien agieren – mindestens zeitweise – populistisch und müssen es als Volksvertreter:innen auch tun. Wer von *Autoritären* spricht, zielt hingegen zu sehr darauf ab, dass hier ein illiberaler Gegenpol zur liberalen Demokratie gesetzt werde. Zudem führt der Begriff *Autoritäre* die Aufmerksamkeit auf das Dominanzgebaren entsprechender Politiker:innen, was den Kern der Sache zusätzlich vernebelt. Zuschreibungen wie Protest- oder Anti-Partei sind ebenfalls irreführend, weil auch Protest und Anti-Haltung nicht die Essenz dieser Parteien ausmachen. Es ist viel treffender, Parteien wie die AfD, Trumps Republikaner, die türkische AKP oder die ungarische Fidesz als *Propagandaparteien* zu bezeichnen, wie gleich deutlich werden wird. Sie sind in ihrem Wesenskern *propagandistisch*. Sie werden von *Propagandapolitiker:innen* angeführt.

Nach gängigen Definitionen ist Propaganda deutlich negativ konnotiert. Propaganda lässt sich als sehr aggressive, ideologisch motivierte politische Kommunikation beschreiben, die massiv und dauerhaft ausgeführt wird. Propaganda möchte die Bevölkerung mit allen zur Verfügung stehenden, speziell unlauteren und manipulativen Mitteln auf bestimmte Weise und auf ein bestimmtes Ziel hin beeinflussen, insbesondere bezüglich ihrer Emotionen, Meinungen und Verhaltensweisen. Die eigentlichen Ziele und Interessen hinter der Propaganda werden verschleiert. Parteien, die sich der Propaganda unterwerfen, stellen ebendiese an den Anfang und in das Zentrum ihres politischen Handelns. In einer solchen Partei dient alles politische Handeln einer propagandistischen Funktion. Das Wahlvolk und die Inhalte sind nachrangig. Ihre Politik ist Propaganda. Propaganda ist ihre Politik.

Alle Propagandaparteien eint, dass sie auffällig viele Ressourcen in ihre Kommunikationsarbeit investieren. Im Vergleich zu anderen Parteien haben sie die größten Kommunikationsabteilungen und die meisten Social-Media-Aktivitäten. Sie haben ein großes Interesse daran, eigene Medien und andere Kanäle zum Wahlvolk zu schaffen und zu nutzen. Es ist typisch für Propagandaparteien, einerseits etablierte Medien anzugreifen und andererseits, wo nur möglich, in ihnen vorzukommen und am besten generell die Macht über sie zu erlangen.

Auf die Propagandaarbeit wirken neben Politiker:innen auch Politikberater:innen ein, genauso wie Kommunikator:innen, Spezialagenturen, aber auch Meinungsforscher:innen und die sogenannten *Pollster*, die häufig parteiintern die Datenbasis liefern für propagandistische Kernbotschaften und Aktionen. Zu nennen sind auch Trollfabriken bzw. Trollfarmen, in denen Mitarbeitende gezielt Falschinformationen im Netz verbreiten mit dem Ziel, Meinungen zu manipulieren, Wahlausgänge zu beeinflussen und Kritiker:innen regelrecht mundtot zu machen. Die bekannteste Trollfabrik ist die »Agentur für Internet-Forschung« in St. Petersburg, die u. a. Einfluss auf Wahlen in den USA und Europa nahm. Russlands Präsident Putin behauptet zwar, dies sei eine privat geführte Einrichtung, aber es gibt einige Evidenz, dass diese Trollfabrik staatlich gesteuert wird.[1] Einer Studie zufolge beschäftigten 2017 weltweit dreißig Regierungen Trollfabriken.[2] Sind Propagandaparteien an der Macht, kommen zusätzlich Akteur:innen in staatlichen Medien und Geheimdiensten hinzu, sprich propagandistisch hoch funktionale Teile des Staatsapparats.

Die Propagandapartei der Gegenwart rekrutiert gezielt möglichst viele Anhänger:innen aus einer Masse enttäuschter, besorgter, zweifelnder, verängstigter, wütender Menschen. Der viel beschworene Volkswille spielt dabei allenfalls eine untergeordnete Rolle. Propagandaparteien geht es in einer – häufig ausgrenzenden – Dauerkampagne darum, durch geschickten wie radikalen Missbrauch politischer Kommunikation Zustimmung zu gewinnen. Propagandaparteien werden nicht von Inhalten getrieben, die Inhalte sind letztlich beliebig austauschbar, wenn sie nicht wie gewünscht verfangen. Die Masse ist der Schlüssel zur ersehnten Macht. Ist erst einmal die Zuneigung der Masse durch die Propagandapartei gewonnen, kommt die Umkehrung: Die Anführer:innen erklären, was der Volkswille ist – und das Volk folgt. Diese Macht um jeden Preis zu maximieren oder zu erhalten, ist der verborgene, wirkliche Antrieb der Propagandapartei. Das ist ihr alleiniger Daseinszweck. Propagandaparteien geht es, das sei wiederholt, um Macht um der Macht willen.

Dass es Propagandaparteien nicht um Inhalte geht, kann zum Beispiel an einem Phänomen festgemacht werden, das sich *Unsicherheitsparadox* nennen lässt: Die Propagandapolitiker:innen behaupten, sie träten an, um etwas gegen Verunsicherung und Unsicherheit der Masse zu tun. Faktisch verstärken sie die Verunsicherung und Unsicherheit aber fortwährend, weil sie das ihrem versteckten Ziel viel näherbringt.

Darüber hinaus ist es alles andere als Zufall, dass Propagandaparteien politisch öfter rechts als links verortet sind. Schließlich nehmen sie häufig Bezug auf eine Vergangenheit, in der es dem Land angeblich besser ging und das Volk mehr Grund gehabt habe, Nationalstolz zu empfinden – das ist ein konservatives Urmotiv. So ist die emotionale Anschlussfähigkeit gerade in Europa und in Nordamerika im konservativen Lager deutlich größer als im linken. Die russische Essayistin Svetlana Boym spricht von »restaurativer Nostalgie«. Eine vergangene – verklärte und idealisierte – Heimat soll wiederhergestellt und der alten Identität zu neuem Glanz verholfen werden. So unmöglich sich Vergangenheit wiederherstellen lässt, so paranoid entschlossen handelten die Anhänger:innen der restaurativen Nostalgie, sagt Boym: unter Verzicht auf kritisches Denken und im Bann von großen Symbolen. Auf diese Weise könne restaurative Nostalgie Monster gebären.[3]

Es ist augenscheinlich, wie sehr sich die Propagandapolitiker:innen in ihrem Tun und Auftreten ähneln. Dass sie sich über ihre Strategien austauschen und auch beieinander abkupfern, ist belegt und wenig überraschend. Der frühere Trump-Berater und Chef von *Breitbart News* Steve Bannon war beispielsweise häufig in Europa, tauschte sich u.a. mit Alice Weidel von der AfD, dem ungarischen Regierungschef Viktor Orbán sowie einem Berater Marine Le Pens aus, nahm an exklusiven Runden entsprechender Kreise teil und wollte mit seiner Brüsseler Stiftung »The Movement« die Rechtsnationalen Europas einen. Es wäre naiv anzunehmen, dass Ähnlichkeiten in der Propaganda ausschließlich Ergebnis flüchtiger Absprachen und einer munteren Copy-and-Paste-Mentalität seien.

Doch trotz der Ähnlichkeiten und Querverbindungen sind Propagandaparteien unbedingt differenziert zu betrachten. Eine kurze Typologie soll helfen, Propagandaparteien in ihren verschiedenen Stadien und Entwicklungsstufen einzuordnen.

Die Philosophin Hannah Arendt hat in ihrem epochalen Werk *Elemente und Ursprünge totaler Herrschaft* aus dem Jahr 1951 nach Analyse von Hitlers NS-Staat und Stalins Sowjetunion zwischen totalitärer und prätotalitärer Propaganda unterschieden. Demnach ziele die prätotalitäre Propaganda auf die Gewinnung von Sympathisant:innen und Parteigänger:innen ab, während in der totalitären Welt die reine Indoktrination herrsche, die sich gegen jedermann richte und völlige Enthemmung erfahre. Totalitäre Propaganda lasse keine andere Sichtweise mehr zu und mache Koexistenz von Ansichten unmöglich.[4] Arendts Unterscheidung von prätotalitärer und totalitärer Propaganda lässt sich auf heutige Verhältnisse übertragen und verfeinern, speziell mit Blick auf die Parteien als propagandistische Akteure. *Totalitäre Propaganda* geht mit Kriegspropaganda in einem nicht-demokratischen – allenfalls scheindemokratischen – Regime einher. Vorher bereits existierende Menschenverachtung wird in dieser Propagandaform bis zur Vernichtungsideologie gesteigert. Das Mittel totalitärer Propaganda ist, wie Arendt herausgearbeitet hat, die *Indoktrination* – gegebenenfalls sogar im Weltmaßstab. Hierzu gehört heutzutage auch die Destabilisierungspropaganda mittels Hackerangriffen und Trollfarmen, die vor allem in Wahlzeiten kompromittierendes Material stehlen und verbreiten, um zum Beispiel Kandidat:innen wie Hillary Clinton in den USA oder Emmanuel Macron in Frankreich zu diskreditieren und die Wahlentscheidung der Bürger:innen zu beeinflussen. Teil von totalitärer Propaganda ist, dass sie den ohnehin hohen Kommunikationsaufwand ins Absurde steigert, um das mühevoll konstruierte Weltbild frei von Rissen und Brüchen zu halten. Daran lässt sich die große Instabilität der totalitären Propaganda ablesen.

In Kriegszeiten kommt Propaganda intensiv zum Einsatz – und wird auch mehr diskutiert, gemäß der Weisheit »Im Krieg ist die Wahrheit das erste Opfer«. Der Angriffskrieg Russlands auf die Ukraine wurde begleitet von schamloser, oft plumper und in Russland lange wirkungsvoller Kriegspropaganda. Der russische Präsident Wladimir Putin hat totalitäre Propaganda im Rahmen des Ukraine-Feldzugs in Reinkultur aufgeführt und aufführen lassen. Totalitäre Kriegspropaganda ist jedoch nur die Spitze des Eisbergs.

Prätotalitäre Propagandaparteien zeichnen sich dadurch aus, dass sie – teils langfristig – die Alleinregierung stellen und gewisse Meilensteine erreicht haben. Dazu gehört u. a., dass die Führungsperson mit außerordentlicher Machtfülle ausgestattet ist und dass um diese Führungsperson ein Kult etabliert wird. Außerdem kann bei prätotalitären Propagandaparteien die Aufrechterhaltung demokratischer Kernelemente unter Schwächung von Institutionen wie Parlament und Justiz sowie Kontrolle über die Opposition, über Nichtregierungsorganisationen und unabhängige Medien beobachtet werden. Sie zeichnen sich durch kommunikative Dominanz aus, die den öffentlichen und veröffentlichten Diskurs maßgeblich steuert und prägt. Prätotalitäre Propaganda hat das Potenzial, wesentlich stabilere Verhältnisse mitzuorganisieren als totalitäre. Zu den heutigen prätotalitären Propagandapolitiker:innen lassen sich Viktor Orbán und Recep Tayyip Erdoğan zählen.

Zu den prätotalitären Propagandaparteien zählen einige Untertypen. In die Kategorie der *abgewählten prätotalitären Propagandaparteien* gehören beispielsweise die Republikaner von Donald Trump – wobei die nächsten Wahlen bereits ihre Schatten vorauswerfen.

Koalierende Propagandaparteien haben es in Regierungsverantwortung geschafft, können aber nicht durchregieren. Zu diesen Parteien gehört gegenwärtig die polnische PiS, die von Jarosław Kaczyński geprägt wurde – sie hat in der Vergangenheit allerdings auch schon allein und prätotalitär regiert. Als Juniorpartner hat zum Beispiel die FPÖ zwischen 2017 und 2019 mit der konservativen Partei des damaligen Kanzlers Sebastian Kurz regiert, ehe die Ibiza-Affäre die FPÖ aus der Regierung katapultierte.

Eine *oppositionell-wirksame Propagandapartei* zeichnet sich dadurch aus, dass sie keine direkte politische Macht hat, aber großen Einfluss und Druck auf regierende Parteien ausübt, neuralgische öffentliche Debatten prägt und Entscheidungen mit beeinflusst. Sie verzeichnet erhebliche Stimmgewinne, ohne Gesamtsiege einzufahren und an Regierungsmacht zu kommen. Zu oppositionell-wirksamen Propagandaparteien zählen die AfD von Frauke Petry während der sogenannten Flüchtlingskrise oder der Rassemblement National mit Marine Le Pens beiden zweiten Plätzen im Präsidentschaftsrennen.

Nicht zuletzt lassen sich *scheiternde Propagandaparteien* identifizieren, die aus verschiedenen Gründen erfolglos in der Opposition agieren, propagandistisch nicht durchdringen und eine randständige Rolle einnehmen, was gerade in der Propagandalogik der puren Massengewinnung fatal ist. Die gegenwärtige AfD reiht sich hier ein.

Dieser Typologie von Propagandaparteien unterliegt ein dynamisches, kein mechanistisches Verständnis: Auf Fortschritte können ebenso Rückschritte folgen und umgekehrt. Und nicht jede Propagandapartei wird – oder muss – danach streben, totalitär zu werden.

Gemäß der skizzierten Typologie hat im historischen Rückblick die NSDAP fast alle Stadien durchlaufen – am

Anfang scheiternde Propagandapartei, am Ende der Weimarer Republik oppositionell-wirksam, nach der Machtergreifung 1933 in kürzester Zeit prätotalitär und mit Kriegsbeginn endgültig totalitär – bis zum Untergang. Der Bezug zum Hitler-Regime soll dabei nicht dazu dienen, all diese Parteien inhaltlich über einen Kamm zu scheren. Es geht lediglich darum zu analysieren, welche Kommunikationsstrategien wie und warum angewendet werden.

Wenn man über das Instrument der Propaganda spricht, kann nicht genug betont werden, dass es keinen propagandistischen Automatismus gibt. Im Gegenteil: Selbst wenn man voraussetzt, dass die Propaganda kompetent gesteuert und durchgeführt wird, gab und gibt es keine Garantie auf Erfolg, dafür aber unzählige nicht steuerbare Variablen, Widerstände und nicht vorhersehbare Rückschläge. Dazu gehören schwerwiegende Ereignisse, die den Gang der Geschichte verändern; Fehlentscheidungen, Fehltritte und Zufälle; Financiers, die abspringen oder sich umorientieren; kämpferische Konkurrent:innen, die sich in Gegenwehr üben; interne Rivalitäten oder einschneidende Stimmungswechsel beim Wahlvolk und, und, und. Die Unwägbarkeiten sind so offensichtlich und vielfältig, dass die Menge an Erfolgen der Propagandaparteien verblüffen mag. Es empfiehlt sich, dies nicht zuletzt als Hinweis darauf zu betrachten, wie robust und wirksam konsequente und konzeptionell betriebene Propagandaarbeit sein muss. Wie diese aussieht, wird auf den folgenden Seiten Schritt für Schritt erläutert.

Kapitel 2
Wurzeln: Die politische Idee der Propaganda

Damals wie heute beginnt für die Propagandist:innen alles mit der Erfindung einer neuen politischen Idee. So selbstverständlich, ja geradezu banal das klingt, so ist es ganz und gar nicht. Schließlich hilft nicht irgendeine Idee weiter. Es muss eine ganz besondere Idee sein.

Parteien vertreten üblicherweise spezifische gesellschaftliche Interessen. Dort haben sie ihre Wurzeln. Aus dem Interesse ziehen sie ihre Werte und ihre Basis. Die CDU vertritt das konservative Bürgertum, die FDP vertritt Wirtschaft und Freiberufler:innen. Eine neue Partei sucht sich mit ihren Überzeugungen üblicherweise eine Lücke im Parteienspektrum und ein Partikularinteresse, das ihr unbesetzt oder vernachlässigt und erfolgversprechend erscheint. Der Zusammenschluss der ostdeutschen Partei des Demokratischen Sozialismus (PDS) und der westdeutschen Wahlalternative Arbeit und Soziale Gerechtigkeit (WASG) besetzte zum Beispiel die Lücke links von der SPD – und so nannte sich die neue Partei folgerichtig Die Linke. So agieren klassische Parteien.

Propagandaparteien gehen von Anfang an anders vor. Die Idee muss propagandistisch nutzbar sein. Das war schon Hitler sehr bewusst. Die neue politische Idee musste in seinen Augen das Potenzial haben, die Massen zu elektrisieren und die eigene Macht zu maximieren. An die Macht zu kommen war das Ziel, dem sich alles unterordnen musste. Eine politische Idee, die diesem Ziel nicht diente, war nutzlos. Ohne eine politische Idee hatte die Propaganda wiederum keine Richtung und kein Ziel. Zuerst fällt die Entscheidung, eine Propagandapartei sein zu wollen, dafür braucht es im nächsten Schritt eine Idee, die zwingend propagandistisch verwertbar ist – darauf folgt die Propaganda selbst. Idee und Propaganda sind ineinander verschränkt und bedingen sich gegenseitig.

Sucht sich eine neue Bewegung nach der klassischen Parteienlogik ein Interesse, das sie fortan vertreten will, hat das weitreichende Konsequenzen: Man vertritt eine gesellschaftliche Gruppe – stellt sich zugleich aber gegen alle anderen. In der Weimarer Republik hatten die Nationalen die Liberalen und die Kommunisten gegen sich – sowie weitere konkurrierende Nationale. Wer in dieser Gemengelage anstrebte, maximal viele Wähler:innen hinter sich zu vereinen, würde sich durch die Konzentration auf eine gesellschaftliche Gruppe enorm einschränken.

Der Journalist und Soziologe Siegfried Kracauer hat das bereits Mitte der 1930er Jahre beeindruckend präzise durchdrungen. In *Totalitäre Propaganda* erklärt Kracauer zu Hitlers Ideenansatz: »Er kann nicht die Absicht haben, sich zur Partei irgendwelcher einseitiger Interessen und damit den Nationalsozialismus zu einer Partei neben den übrigen zu machen.«[1] Denn der politische Kuchen war schon verteilt, es blieben nur Nischen. Interessenpolitik war demnach absolut kontraproduktiv, wenn man wie Hitler an die Macht drängte, koste es, was es wolle. Interessenpolitik würde eine Falle sein, eine Sackgasse. So war klar, schreibt Kracauer über Hitler, »daß es ihm nicht auf die Verteidigung von Interessen, sondern auf die Beeinflussung der Massen, unabhängig von ihren Interessen, ankommt«.[2]

In der Logik einer Propagandapartei durfte und wollte Hitler sich mit der neuen Idee auf keinen Fall im Parteienspektrum einreihen – als einer von vielen. Er musste sich *über* das bestehende Parteiensystem stellen. Oder zumindest *daneben*. Oder mit Hannah Arendts Worten »prinzipiell außerhalb des Parteiensystems«.[3] Die Idee musste größer konstruiert werden als alle bestehenden. Sie durfte sich nicht an ein einzelnes gesellschaftliches Interesse anlehnen und sich dadurch ideologisch einengen. Nur wenn sie das strikt unterließ, konnte sie für Anhänger:innen aller anderen Parteien anziehend wirken.

So gab die Nationalsozialistische Deutsche Arbeiterpartei dann einfach vor, die entscheidenden politischen Strömungen in sich zu vereinen. Diese Idee stellte die Nazis – zunächst und für eine ganze Weile nur in der Theorie – über ihre Konkurrent:innen, deren Ringen zwischen rechts und links, oben und unten auf einmal kleinlich wirkte. Die Nazis schwebten ideenmäßig über dem Kleinklein des »normalen« Parteiensystems und brachten »eine Synthese auf den Wortmarkt, die nationale Einheit versprach«, wie es Hannah Arendt formulierte.[4]

Oberhalb aller Partikularinteressen, Klassengegensätze oder revolutionärer Feindschaften die nationale Einheit zu versprechen, gleichsam als beharrenden Kontrapunkt, so übersetzte Hitler den Grundansatz einer Propagandapartei in die Realität: dem gerade erst verlorenen Ersten Weltkrieg, dem untergegangenen Kaiserreich und dem ideologischen und physischen Zusammenprallen des alten Nationalismus mit dem aufkeimenden Sozialismus zum Trotz.

Die Idee musste zusätzlich eine Antwort auf eine – erfundene oder reale – Krise sein, ob diese nun wirtschaftlich, sozial oder kulturell geprägt war, um der Sache eine hohe Dringlichkeit zu verleihen. Außerdem musste die Idee unbedingt anschlussfähig sein an die Gesellschaft, an die Masse, an reale Verhältnisse, an möglichst große Teile des kollektiven Gedächtnisses und Gefühlszustands. Das Neue durfte nicht zu neu sein. Das wäre zu fremd, käme einer Überforderung gleich und brächte nicht die gewünschte Verbindung zur Volksmasse. Es war dieser zwingende propagandistische Grundsatz der Anschlussfähigkeit, der Hitler auf Vergangenes zurückgreifen ließ.

Hitler schrieb in *Mein Kampf* über die außerordentliche Rolle der Propaganda hinsichtlich der politischen Idee, Propaganda werde »unermüdlich dafür zu sorgen haben, daß eine Idee Anhänger gewinnt«, sie solle sie der Bewegung »geneigt« machen. »Die Propaganda bearbeitet die Gesamtheit im Sinne einer Idee und macht sie reif für die Zeit des Sieges dieser Idee.« Sie solle Menschen »herüberziehen« oder »doch in ihrer eigenen bisherigen Überzeugung unsicher machen«. Aufgabe der Propaganda sei »die Zersetzung des bestehenden Zustandes und die Durchsetzung dieses Zustandes mit der neuen Lehre«.[5]

Auch Joseph Goebbels – nach 1930 offizieller Propagandachef der NSDAP und späterer Propagandaminister – war das gegenseitige Abhängigkeitsverhältnis von Idee und Propaganda bewusst. Die Aufgabe der Propaganda sah er darin, »Menschen für eine Idee zu gewinnen, so innerlich, so lebendig, daß sie am Ende ihr verfallen sind und nicht mehr davon loskommen.«[6]

Die Propagandaschlacht um die Idee ist nicht nur die erste und immer fortwährende, sie ist die wichtigste von allen. Gelingt es nicht, sich außerhalb des Bestehenden zu positionieren, zündet die ganze Bewegung nicht bei der Bevölkerung. Laut Kracauer ließ sich die NS-Propaganda Mitte der 1930er Jahre als

> »ein Unterfangen begreifen, das auf die *Dynamisierung des starren Systems* abzielt, in dessen Rahmen sie steht. Nur dadurch, daß sie dieses System aus den Angeln hebt, sein stabiles Gerüst zerstückelt und die Trümmer durcheinanderwirbelt, erhält sie überhaupt erst von sich aus die Möglichkeit, sich auszuweisen und Einfluß zu gewinnen.«[7]

Hitler erklärte noch Anfang der 1930er Jahre, sein Ziel sei die »Überbrückung der Gegensätze zwischen Bürgertum und Proletariat«, er wolle die »innere Vereinigung von Millionen auseinanderstrebenden Volksgenossen erzielen«.[8] Propagandistisch zugespitzt findet sich die Präsentation dieser politischen Idee bei Goebbels: »Überall ertönt das Kampfgeschrei, die Katholiken, Protestanten, die Bayern, die Preußen, die Bürger, die Proletarier. Man muss ja zur Meinung kommen, es leben in Deutschland keine Deutschen mehr.«[9] Die anderen Parteien hätten sich »auf unseren blutenden Rücken eingerichtet«, die Nation verbrauche ihre Kraft im Inneren, das sei »Folge der verruchten Parteipolitik«.[10] Also weg mit der Parteienvielfalt, der repräsentativen Demokratie und letztlich weg mit dem Parlament. Weg mit Widersprüchen, Komplexität und Diskussionen. Eine Idee zum Wohle der Volksgemeinschaft. Im Sinne der nationalen Einheit.

Wie sehen nun die politischen Ideen der Gegenwart aus, mit denen Propagandapolitiker:innen antreten?

Ein eindrückliches Beispiel bietet Viktor Orbán. Er gehörte zu den Mitgründern der anfangs liberalen Partei Fidesz. Sie hatte sich mit der Wende in das Parteienspektrum Ungarns eingefügt. Im Februar 1992 sollte der Fraktionschef der Fidesz Orbán Sätze aussprechen, die in der Retrospektive äußerst beachtlich sind: »Wir haben es immer abgelehnt, so zu kämpfen, dass auf einer Seite die Reinen sind, auf der anderen die Bösen, auf der einen Seite die Patrioten stehen, auf der anderen die Landesverräter [...] Der völkisch-nationale Gedanke, die populistische Politik steht im Gegensatz zum Liberalismus.«[11] Als aber in der Fidesz Streit ausbrach und die Partei 1994 eine herbe politische Niederlage hinnehmen musste, kehrte der ehrgeizige Orbán in sich. Chef einer kleinen Fünf-Prozent-Partei zu sein, reichte ihm bei weitem nicht. Was jetzt kam, hält sein Biograf Paul Lendvai für ein kalkuliertes Manöver, um irgendwie an die Macht zu kommen.[12]

Seine politische Idee lässt sich nur als wahrer Akt restaurativer Nostalgie begreifen. Ungarn hatte seit Mitte des 19. Jahrhunderts auf der Verliererseite der Geschichte gestanden.[13] Orbán sah eine Chance darin, seine politische Ambition ganz auf die geschundene ungarische Seele auszurichten. Er folgte der Idee, den Ungarn wieder Selbstwertgefühl einzuhauchen. *Wir haben uns. Wir gegen Die.* Die – das konnte Russland sein, die Europäische Union, Merkel oder Migrant:innen. In dieser Logik sprach Orbán nun von der Heimat und vom Magyarentum, das im 10. Jahrhundert wurzelt, er stellte die nationalen Interessen über alles, betete öffentlich, pries das Christentum und das Vaterland. Damit verließ Orbán die Ebene der Partikularinteressen und rückte Fidesz aus dem bestehenden Parteienspektrum heraus. Bei der Parlamentswahl 1998 erreichte Fidesz so 28,4 Prozent der Stimmen, Orbán wurde erstmals für vier Jahre Ministerpräsident von Ungarn. Seit 2010 regiert er mit großen Mehrheiten, im April 2022 kam er auf rund 53 Prozent. Islamfeindlichkeit und Antisemitismus haben Einzug gehalten: Fidesz benutzt längst die volle Klaviatur einer prätotalitären Propagandapartei.

Ein anderes prominentes Beispiel bietet die politische Idee von Recep Tayyip Erdoğan. Lange war Erdoğan im politischen Islam verwurzelt. Seine Partei, die islamistische Wohlstandspartei, Refah Partisi, agierte eingereiht im Parteiensystem. Doch während Erdoğan Ende der 1990er wegen der Rezitation eines islamistischen Gedichts im Gefängnis saß, entwickelte er eine übergreifende Idee für eine neue Partei, die AKP, basierend auf Islam, Westorientierung sowie Wirtschaft und Wohlstand. Damit stellte Erdoğan die AKP über das bestehende Parteiensystem. Gerade einmal zweieinhalb Monate nach ihrer Gründung gewann die AKP im November 2002 erdrutschartig 34,3 Prozent der abgegebenen Stimmen. Unter Druck verließ Erdoğan später den liberaleren, versöhnlichen Reformkurs und spielte fortan massiv die islamistisch-nationalistische Propagandakarte, um an der Macht zu bleiben.

Das Nachbarland der Türkei, Griechenland, hat mit der Partei Syriza eine linke Propagandapartei, die mit ihrem Anführer Alexis Tsipras in den aufreibenden Jahren der Euro-Schuldenkrise und der Rettungspakete kometenhaft aufstieg. Die Jahre zuvor dümpelte das linksaußen eingereihte Bündnis, aus dem die Partei Syriza hervorging, noch bei drei bis fünf Prozent. Die Umwandlung zu einer Partei im Jahr 2012 beflügelte Syriza. Tsipras übernahm den Vorsitz und formte in den kommenden Monaten und Jahren eine robuste Propagandapartei. Im Mai 2012 kletterte sie bei den Parlamentswahlen auf 16,8 Prozent, bei den Neuwahlen sechs Wochen später gar auf 26,9 Prozent. Im Wahlkampf ließ Tsipras den Spruch »Wir gegen sie« plakatieren – ein typischer Slogan für eine Propagandapartei. Tsipras nutzte die Schuldenkrise, die Griechenland in der europäischen Gemeinschaft über Jahre extrem unter Druck setzte, um sich zu profilieren. Seine politische Idee beruhte darauf, die Griech:innen gegen diesen Druck von außen zu einen und ihren Widerstandsgeist zu wecken. Nichts konnte das im kollektiven Gedächtnis Griechenlands mehr befördern als ein historischer Rückgriff auf den Widerstand gegen die deutschen Eroberer von Wehrmacht und Waffen-SS im Zweiten Weltkrieg. Die Nazis verübten seinerzeit schlimmste Massaker und Blutbäder in Griechenland. Es waren vor allem Arbeiter:innen, die Widerstand leisteten, und unter den Kriegsverbrechen und Repressionen litt die ganze Bevölkerung. Syriza nahm darauf Bezug und nannte beispielsweise ihre Gegner:innen »Germanotsoliades«, so hießen im Zweiten Weltkrieg griechische Kollaborateur:innen. Vermeintliche Verräter:innen Griechenlands wurden als »fünfte Kolonne Deutschlands« bezeichnet.

Auch »Besatzungsmächte« machte Syriza aus.[14] Viele werden sich noch an griechische Proteste und Plakate mit Kanzlerin Merkel mit Hitler-Bärtchen und in SS-Uniform erinnern. Die Medien nahmen das Motiv auf, und die Ressentiments waren geweckt. Mit dieser maximal anschlussfähigen, emotional stark aufgeladenen Botschaft und entsprechender Sprache zu mobilisieren, entpuppte sich propagandistisch als Erfolg und führte Syriza aus der linken Ecke. 2015 errang Syriza mit weit über dreißig Prozent die meisten Stimmen. Tsipras wurde Ministerpräsident. 2019 wurde Syriza zwar abgewählt, hielt sich aber dennoch über dreißig Prozent.

Die politische Idee spielte auch bei Aufstieg und (vorläufigem) Fall des 44. Präsidenten der Vereinigten Staaten eine zentrale Rolle. Donald Trumps narzisstische Botschaft lautete: Die politische Idee bin ich. Er platzierte seine Person von Anfang an über dem Parteiensystem. Für die Demokraten, denen er früher zugeneigt haben soll, hatte er nur Verachtung und Beleidigungen übrig. Er brachte seine Anhänger:innen im Wahlkampf immer wieder dazu, »Lock her up« zu skandieren – Hillary Clinton solle ins Gefängnis. Und auch mit »seinen« Republikanern ging er nicht zimperlich um. Trump attackierte die gesamte politische Elite der USA, wie sein Schlachtruf »Drain the swamp« überdeutlich machte – der »Sumpf« in Washington, D. C. solle ausgetrocknet werden. Der »Trump Revolution«, wie Enthüllungsautor Michael Wolff es in seinem Bestseller *Feuer und Zorn* nennt, »ging es immer um die Schwächen der beiden großen Parteien«.[15] Dass Trump selbst zeit seines Lebens zur Elite des Landes zählte, umschiffte er mit einem rhetorischen Trick: Weil er dazugehört habe, wisse er genau, was los sei. Er habe sich von den Eliten losgesagt, um allein dem Volk zu dienen. Mit dieser Geschichte inszenierte er sich als gefühlter Außenseiter für andere gefühlte Außenseiter.

Trump sollte Sätze sagen wie: »Nur ich allein kann die Dinge wieder in Ordnung bringen.« Oder: »Nur ich kann das Problem des radikalen islamischen Terrorismus lösen.«[16] Einer gegen alle – Trumps politische Idee scheint einem der *Rambo*-Filme zu entspringen, in dem der Held eine ganze sowjetische Armee praktisch im Alleingang lahmlegt, zu Pferd und mit Pfeil und Bogen. Trump als fleischgewordene Rache und Abrechnung. Er diente sich an als Projektionsfläche für Ärger jeder Art in der Bevölkerung, den er im Gegenzug für Loyalität an der Urne und in Social Media aufsaugen und transportieren würde. Es ist diese wortgewaltig und wütend aufgebaute politische Hülle des rambohaften Märtyrers, der es allen zeigen wird, die Trumps Propagandist:innen systematisch als Idee befeuerten. Mit diesem Ansatz überstand Trump die Vorwahlen, gewann die Präsidentschaftswahlen und blieb vier Jahre im Amt.

Die Gründung der AfD in Deutschland hatte zunächst kein propagandistisches Fundament. Zwar hoben sie den Signalbegriff »Alternative« in den Parteinamen. Die politische Idee der AfD aber reihte sich eindeutig ins System ein. Eurokritisch, wirtschaftsfreundlich, liberalkonservativ: eine Kreuzung aus dem Wirtschaftsflügel der FDP und dem wertkonservativen Flügel der CDU. Die AfD von Volkswirtschaftsprofessor Bernd Lucke und Ex-Siemens-Manager Hans-Olaf Henkel wollte die

D-Mark zurück – und dafür den Euro abschaffen und die Währungsunion geregelt auflösen. Die AfD verpasste 2013 den Sprung in den Bundestag, erzielte aber 2014 erste Erfolge, zum Beispiel etwas über sieben Prozent bei den Europawahlen. Somit hatte sich die AfD ein Stück vom Kuchen geholt. Nur positionierte sie die politische Idee nicht als Propagandapartei, und sie verhielt sich nicht so. Noch nicht.

Dafür musste erst Frauke Petry im Sommer 2015 Lucke bei der Wahl zum Vorsitzenden bezwingen. In der Folge löste sich der wirtschaftsliberale Flügel auf. Das Deutschnationale rückte, gerade in Ostdeutschland, ins Zentrum der Partei. Die Zuwanderungsfrage hatte in den vergangenen Jahren, vor allem im Zuge der Sarrazin-Debatte, ihr emotionales und explosives Potenzial bewiesen. Im September 2015 setzte die sogenannte Flüchtlingskrise ein, was Alexander Gauland ein »Geschenk« nannte; aus der zynischen Sicht eines Propagandapolitikers war das so: Die vorhandene politische Idee wurde vom großen Ereignis in die Mitte der Gesellschaft katapultiert, befreit vom Anstrich eines Partikularinteresses nationalkonservativer, zuweilen völkischer Geister. Merkels Entscheidung, die Grenze für Flüchtende offen zu halten, brachte der AfD die Möglichkeit, den Schritt zur Propagandapartei zu gehen. Die Social-Media-Maschine war bereit und startete durch. Über kein Thema hatten sich die entscheidenden Akteur:innen der AfD eine dezidiertere Meinung gebildet. Aus dem Stegreif konnten sie zur Attacke übergehen und erste Adresse für Ängste, Frust und Wut sowie für die Pegida werden. Auf einmal wirkte der Begriff der »Alternative«, als stünde die Partei neben dem System, was sie intensiv mit Kampfbegriffen wie »Altparteien« zu befeuern wusste. Das Wörtchen »alternativ« hatte politisch Hochkonjunktur und traf propagandistisch ohne Frage den Zeitgeist. Bis zur Bundestagswahl 2017 ging es steil aufwärts für die AfD, sie sollte sich um knapp acht Prozentpunkte auf 12,6 Prozent verbessern.

Im Dezember 2016 verfasste die AfD-Spitze ein Manifest, das die Strategie der AfD für das Wahljahr 2017 beschrieb. Die AfD komme »aus der Mitte der Gesellschaft«, heißt es da. Sie sei die politische Kraft im Land, »die den Mut zur Wahrheit« habe, Mitglieder würden »offen ihre Meinung vertreten«. Sie greife die Unzufriedenheit vieler Bürger:innen auf und verleihe ihnen eine Stimme:

> »Bei ihr finden Konservative, Liberale und Sozialdemokraten eine Heimat, aber auch vormalige Nichtwähler, die von den Altparteien enttäuscht sind. Die Politiker der AfD sind nicht ›rechts‹ oder ›links‹, sondern Vernunft und fachlicher Kompetenz verpflichtet.«

Gegen Rechtsaußen müsse sich die AfD allerdings deutlicher abgrenzen, angesichts »der Selbsteinordnung der meisten Wähler in der politischen Mitte«. In der bürgerlichen Mitte, bei den Liberal-Konservativen, sah die AfD das größte Potenzial für weitere Zuwächse. Diese galt es nicht zu verschrecken, radikale Forderungen seien gut begründet und sachlich vorzutragen. Außerdem sollte gerade der Mitte und der Mittelschicht die AfD als größtes »Demokratieprojekt der letzten Jahrzehnte« verkauft werden, weil Nichtwähler:innen in großer Zahl dank der AfD wieder an die Urne gingen.[17]

Genauso positioniert sich eine Propagandapartei. Sie behauptet, für alle da zu sein, grenzt aber Millionen Menschen aus, in diesem Fall vor allem Migrant:innen. Sie findet, sie sei wählbar für alle Schichten – hat dabei aber eindeutige Vorlieben. Sie ist hochgradig ideologisch, gibt aber vor, unideologisch zu sein, schließlich könnten Anhänger:innen von Union, SPD und FDP bei ihr eine Heimat finden. Damit gibt die AfD vor, aus dem Korsett des Links-Rechts-Schemas auszubrechen. Sie erklärt sich einfach zur Mitte der Gesellschaft. Sie ist weit rechts, reklamiert aber für sich, es nicht zu sein. Sie hat radikale Vorstellungen, stellt diese aber als normal dar, man müsse nur aufpassen, in der Mitte niemanden zu vergraulen. So sah die »Dynamisierung des starren Systems«, von der Kracauer Mitte der 1930er schrieb, im Deutschland des frühen 21. Jahrhunderts aus.

Zweieinhalb Jahre später, im Sommer 2019, formulierte die AfD ein weiteres, geheimes Strategiepapier, das sich laut Zeitungsberichten wie eine nahtlose Fortsetzung liest. Bis 2025 wolle man Volkspartei werden und bundesweit mindestens zwanzig Prozent erreichen. Die Partei wolle in Zukunft noch mehr das konservativ-liberale Bürgertum in der politischen Mitte ansprechen. Dafür seien Imageprobleme zu überwinden.[18]

Imageprobleme – so kann man das wohl nennen, wenn der Verfassungsschutz die innerparteilich immer stärker werdende Teilorganisation »Der Flügel« als gesichert rechtsextremistisch bezeichnet und als Verdachtsfall eingestuft hat. Im April 2020 wurde Björn Höckes »Flügel« zum Beobachtungsfall (und löste sich wenig später formal auf), kein Jahr später wurde die ganze AfD vom Verfassungsschutz als rechtsextremistischer Verdachtsfall eingeordnet. Die AfD klagte dagegen, verlor in erster Instanz und ging in Berufung. Der Prozess ist weiter anhängig.[19]

Das Abdriften der AfD nach Rechtsaußen demonstriert, dass Propagandaparteien aus sich selbst heraus daran scheitern können, im Stimmen bringenden Kern einer politischen Idee zu bleiben. Für den Moment ist das der AfD nicht gelungen. Stand sie in ihrer Hochzeit als funktionierende oppositionell-wirksame Propagandapartei außerhalb des Parteiensystems, hat sie dann aber zu sehr begonnen, den rechten Rand zu bespielen und sich damit rechtsaußen eingereiht. Bei der Bundestagswahl 2021 betrug das Minus mehr als eine Million Stimmen.[20] Bei Landtagswahlen verlor sie zweieinhalb Jahre lang in Serie. In Niedersachsen gelang es der AfD im Herbst 2022 allerdings, mit 10,9 Prozent ihre Stimmen fast zu verdoppeln. Solche Ausschläge des Wählerwillens machen anschaulich, dass niemand vorhersehen kann, ob die AfD dauerhaft als wirksame Propagandapartei abgemeldet ist.

Festzuhalten ist: Die politische Idee ist die Keimzelle der Propagandapartei. Sie wird von den Propagandist:innen so geformt, dass sie die Partei über oder neben – auf jeden Fall außerhalb – des Parteiensystems platziert. Mit der politischen Idee steht und fällt die gesamte Propagandapartei. Denn nur eine geeignete Idee ist propagandistisch aktivierbar.

Kapitel 3
Zersetzung der Kommunikationsnormen

Mit der politischen Idee hat sich die Propagandapartei außerhalb des Parteienspektrums positioniert. Von dort aus will sie so viele Wähler:innen wie möglich anlocken, um Macht zu erobern oder zu erhalten. Wenn nun die politische Idee auf harscher Ablehnung der anderen Wettbewerber:innen fußt, so hat das Auftreten und Gebaren der Propagandist:innen dadurch eine Leitplanke. Propagandapolitiker:innen müssen in dieser Logik so stimmig wie möglich auftreten. Die Kernbotschaft ist: *Seht ihr, wir sind wie ihr, wir sind nicht wie die.* Ist die Idee anti-elitär, müssen die Propagandapolitiker:innen dies ebenso verkörpern.

Die Harvard-Professoren Steven Levitsky und Daniel Ziblatt haben 2018 in ihrem berühmt gewordenen Buch *Wie Demokratien sterben* aus politikwissenschaftlicher Sicht aufgezeigt, wie vor allem die Republikaner – aber nicht nur sie – in den USA stabile politische Normen und lange erfolgreiche, ungeschriebene Gesetze zerstört haben. Dies geschah schleichend, beginnend in den 1990er Jahren. Die Norm des politischen Wettbewerbs wurde abgelöst von der der politischen Feindschaft. Im Zuge dessen fiel auch die Norm gegenseitiger Achtung und Toleranz. Und an die Stelle der Norm der Kompromisse trat rigide Blockadepolitik. Dafür wurde die tief verwurzelte Norm institutioneller Zurückhaltung aufgekündigt, mit dem Ziel, jeden denkbaren politischen Hebel auch zu betätigen. Darüber hinaus wurde die Norm der Autorität des gewählten Präsidenten in Zweifel gezogen, im Falle Obamas beginnend mit der Behauptung, er sei kein Amerikaner. Und wie sehr Präsident Trump der Norm des Respekts für unabhängige Medien und ihrer demokratischen Funktion geschadet hat, muss wohl nicht weiter ausgeführt werden.[1]

Levitsky und Ziblatt stellten vier Indikatoren für autoritäres Verhalten heraus: Ablehnung demokratischer Spielregeln (oder schwache Zustimmung zu ihnen); Leugnung der Legitimität politischer Gegner:innen; Tolerierung von oder Ermutigung zu Gewalt; Bereitschaft, die bürgerlichen Freiheiten von Opponent:innen, einschließlich der Medien, zu beschneiden.[2] Diese politische Analyse der Normenerosion soll in *Alles Propaganda!* um einen kritischen Baustein erweitert werden.

Wie in der Politik gibt es auch in der Kommunikation ungeschriebene Gesetze, die Demokratien prägen. Neben politischen Normen brechen Propagandist:innen auch gezielt *Kommunikationsnormen*. In ihren Augen gilt dabei: je mehr, desto besser. Je öfter, desto wirksamer.

Da ist die Norm der sachorientierten Kommunikation. Die meisten Politiker:innen kommunizieren an der Sache orientiert. Ein plakatives Beispiel dessen findet sich etwa bei dem damaligen deutschen Kanzlerkandidaten der CDU, Armin Laschet, der sich im Sommer 2021 dazu geäußert hatte, was er in den ersten hundert Tagen nach einem etwaigen Wahlsieg zu tun gedenke. Die Schlagzeile lautete: »Laschet: Planungsbeschleunigung wird

Schwerpunkt in ersten 100 Tagen«. Darauf folgte der erste Satz: »Unions-Kanzlerkandidat Armin Laschet will im Fall einer Regierungsübernahme nach der Bundestagswahl zuerst eine Beschleunigung von Planungs- und Genehmigungsverfahren in Deutschland angehen.« Er werde »Planungsbeschleunigungspakete zum Schwerpunkt« machen.[3] Hier beschreibt ein Politiker, welchen Missstand er sieht, sagt, dass er ihn beheben will, und skizziert einen Lösungsansatz. Sachorientierter geht es kaum. Dieses Beispiel zeigt, dass sachorientierte Kommunikation kleinteilig sein kann, weil Politik es ist. Müßig abzuwägen, ob ein Propagandapolitiker so kommunizieren würde.

Propagandapolitiker:innen brechen diese Norm der sachorientierten Kommunikation in jeder erdenklichen Form. Sie betreiben extrem personenzentrierte Kommunikation. Wenn sie nicht über sich selbst sprechen, ist ihre Kommunikation durchzogen von permanenten Angriffen auf politisch handelnde Konkurrent:innen oder Menschen im öffentlichen Raum, insbesondere solche, die eine andere Position vertreten. Darum wirkte der Ausspruch von Alexander Gauland über die frisch wiedergewählte Kanzlerin Merkel »Wir werden sie jagen« ganz besonders stark. Es war ein Normbruch. Donald Trumps Schmähungen seiner politischen Gegner:innen haben sich uns eingebrannt. Erdoğans »Sen kimsin?« – »Wer bist Du denn?« – in Richtung des Oppositionsführers ist in der Türkei ein geflügeltes Wort geworden. Viktor Orbán hat George Soros in seiner Kommunikation zum Staatsfeind hochstilisiert. Die Liste solcher Angriffe ist lang.

Wenn man von Kommunikation allgemein hineinzoomt in die konkrete Sprache zeigt sich das nächste ungeschriebene Gesetz, das Propagandist:innen brechen. Es lässt sich die Norm der maßvollen Sprache nennen. Demokratische Politiker:innen verhandeln Themen im Wesentlichen unter Verwendung einer gemäßigten, abwägenden und sachlichen Sprache. Diese ist in der Regel argumentierend. Die Sprache von Propagandist:innen hingegen ist meist angreifend, barsch, abschätzig und nicht selten menschenverachtend. Propagandist:innen stacheln ihr Publikum an. Sie verfolgen eine Taktik der sprachlichen Vehemenz. Sie tun so, als habe sich die Erregung der Masse auf sie übertragen, als seien sie Teil der Masse und brächten qua Funktion nur zum Ausdruck, was die Masse fühlt und will. Sie vertreten die als »gefühlte Wahrheit« bekannt gewordene Position. Sie geben den Unterstützer:innen Bestätigung. Diese unausgesprochene Botschaft ideologischer Zugehörigkeit unterliegt dem bewussten Sprachgebrauch der Propagandapolitiker:innen.

Dass dies gezielte Taktik ist, zeigt ein internes Strategiepapier der AfD von 2017. Hier heißt es: »Die AfD muss [...] ganz gezielt politisch inkorrekt sein, zu klaren Worten greifen und vor sorgfältig geplanten Provokationen nicht zurückschrecken.« Und weiter: »Die Reaktionen und die Befindlichkeiten anderer Teile der Gesellschaft sind für die AfD [...] von untergeordneter Bedeutung. Sie sind eher Zielscheiben als Zielgruppen der AfD.«[4]

Für Propagandapolitiker:innen ist es eine Qualität, ganz bewusst nicht wie andere Politiker:innen zu sprechen. Wer die Straße erobern will, spricht am besten wie einer von der Straße. Oder er beweist immer wieder, dass er so sprechen kann. Einfach, klar, hart. Es ist schon häufig beschrieben worden, dass Sprache eine Entmenschlichung mit sich bringen, Hemmschwellen absenken und Gewalttaten Vorschub leisten kann, wenn zum Beispiel Begriffe wie »Schmarotzer« und »Parasiten« oder Verweise auf Krankheiten und Schmutz aller Art im Zusammenhang mit Personen verwendet werden. Trotzdem – oder gerade deshalb – ist diese sprachliche Eskalation bei Propagandapolitiker:innen immer wieder zu beobachten. Putin etwa nannte Demonstrant:innen »quietschende Affen«, Terrorist:innen wollte er »wie Ratten vernichten«; Trump nannte seine politische Konkurrenz u. a. »menschlichen Abschaum«;[5] Gauland wollte die Integrationsbeauftragte der SPD »nach Anatolien entsorgen«.

Raffinierter als die Holzhammermethode kalkulierter sprachlicher Entgleisung ist da schon der Einsatz von Framing gemäß der Hebb'schen Lernregel. Diese stellte der Psychologe Donald Olding Hebb 1949 auf. Seine neurophysiologischen Erkenntnisse sind in dem Merksatz »What fires together, wires together« vereinfacht formuliert. Mit anderen Worten: Wenn ich zwei Begriffe ständig miteinander in Verbindung bringe, wird das Gehirn sie entsprechend gemeinsam erinnern. Im Prinzip funktioniert so Vokabeln lernen. Der Lernmechanismus im Gehirn lässt sich aber auch missbräuchlich aktivieren. Propagandapolitiker:innen bringen gezielt Begriffspaare zusammen: Juden und Verschwörer, Muslime und Terroristen, Mexikaner und Vergewaltiger; Crooked und Hillary, Sleepy und Joe. Kanzlerin und Umvolkung. Ganz wichtig: Negationen sind für das Gehirn an dieser Stelle irrelevant. Wenn jemand im Disput die korrekte und einordnende Aussage trifft: »Nur ganz wenige Muslime sind Terroristen«, so merkt sich das Gehirn trotzdem die Verknüpfung *Muslime und Terroristen*. Propagandapolitiker:innen und ihre Onlinebrigaden legen auf diese Gesetzmäßigkeiten größten Wert. Sie beachten sie und sie versuchen, sie aktiv zu triggern – durch Framing beim Wahlvolk und durch Framingfallen, die sie ihren politischen Gegner:innen stellen. Hierzu gehört auch, Presse, Konkurrenz oder Gerichte als »linksgrün versifft« herabzuwürdigen.

Dies mündet darin, dass Propagandapolitiker:innen entmenschlichende oder herabwürdigende Kampfbegriffe formen – ein eigenes Vokabular, einen eigenen Code, den Anhänger:innen sofort wiedererkennen. Viele Begriffe haben sich im Deutschen spätestens in der Nazi-Zeit etabliert und werden immer wieder hervorgezogen, die Propaganda muss nicht besonders einfallsreich sein, wenn das Altbewährte stets verfängt. Der Politikberater Johannes Hillje hat, wie andere, bereits darauf hingewiesen, dass die heutige Propaganda in Deutschland häufig Nazi-Vokabular recycelt. »Lügenpresse« ist ein Wort, das Goebbels, Hitler und die Führungsriege der Nazis immer wieder nutzten. »Altparteien« wurde von den Nazis geprägt, der Begriff »Marionetten« gehört ebenso epochenübergreifend zum Grundstock des Propagandavokabulars. Hitler führte erst den Tatbestand des Volksverrats ein, um dann von »Volksverrätern« und »Volksfeinden« zu sprechen. Ein Begriff, der heute zum kleinen Einmaleins der Propaganda gehört, so häufig, wie er in allen möglichen Ländern zur Anwendung kommt, nicht nur in Deutschland, auch etwa in Großbritannien, der Türkei oder den USA.

Dieser Sprachcode dient auch der Vereinfachung. Er bedient die »einfachen Wahrheiten« von richtig und falsch, oben und unten, wir und die. »Volksverräter« bzw. »Volksfeind« zum Beispiel ist ein Kofferbegriff, in den sich alle möglichen Feinde hineindeuten und -drängen lassen: beispielsweise andere Parteien, Institutionen, Medien oder Einzelpersonen. Das sorgt für die gewünschte propagandistische Simplifikation, die maximalen Effekt hervorbringt, zumal der Einzelne selbst interpretieren kann, wen er persönlich als Volksfeind ansieht. Hitler erklärte 1925 in einer Rede, die Masse sei nicht fähig, sich auf mehrere Feinde gleichzeitig zu konzentrieren. »Es gehört zur Genialität eines großen Führers, selbst auseinanderliegende Gegner immer als nur zu einer Kategorie gehörend erscheinen zu lassen.«[6]

Zoomt man von der konkreten Sprache nun ganz hinaus, kommt eine weitere wichtige Dimension ins Blickfeld. Sie lässt sich als Norm der metakommunikativen Integration bezeichnen. Häufig werden politische Debatten und Konflikte danach beurteilt – in der Situation wie rückblickend –, wer Recht behalten hat, wer sich durchgesetzt hat, wer gewonnen hat. So kontrovers und hart manche politische Debatte auch sein mag, die die Erfolgreichen hervorbringt: Im Rahmen der Norm der metakommunikativen Integration ist diese Betrachtung irrelevant. Diese Norm lenkt die Aufmerksamkeit auf eine der Kommunikation übergeordnete – sprich metakommunikative – Ebene: Auf dieser Ebene wird die *Wirkungsweise* der Kommunikation betrachtet. Hier wird die Fähigkeit von Protagonist:innen bewertet, einen Austausch von Standpunkten, Argumenten und Lösungsvorschlägen zu ermöglichen und auch zu ertragen. Eine Debatte, die es dem Publikum ermöglicht, existierende Deutungen wahrzunehmen und annehmen zu können, hat nach dieser Norm einen besonderen Wert. Denn sie produziert Perspektivenvielfalt. Die politischen Protagonist:innen leben damit eine Streitkultur und Konfliktfähigkeit vor, die im Kern gesellschaftlich integrierend wirkt, weil sie nach Einigung strebt.

Es gibt kaum eine Norm, die Propagandist:innen so grundlegend brechen wie diese. Ihre Anti-Norm lautet *metakommunikative Polarisierung*. Hier geht es darum zu transportieren, dass es nahezu unmöglich sei, mit »feindlicher« Konkurrenz in Dialog zu treten. Dies ist die eigentliche Botschaft, wenn Journalist:innen von Parteiveranstaltungen ausgeschlossen, Medienvertreter:innen auf Pressekonferenzen des Weißen Hauses als unerwünscht gebrandmarkt oder laufende Gesprächssendungen demonstrativ verlassen werden. Längst hat dieses Phänomen den privat-persönlichen Raum erreicht. Sei es in Bezug auf die Flüchtlingsthematik, Corona oder die Impfpflicht. »Mit dem kann man darüber gar nicht mehr reden«, diese Feststellung hat zum Zerbrechen von Freundschaften, zu unüberbrückbaren Beziehungsabbrüchen geführt.

Der Bruch der Norm der metakommunikativen Integration hat höchste Wirksamkeit entfaltet. Seit geraumer Zeit ist die Polarisierung in der Gesellschaft eines der meistdiskutierten Großthemen der Gegenwart, und die wichtigste Wurzel dessen liegt in genau diesem Normbruch. Und er ist ein Bestandteil, den die Propagandist:innen mit Bedacht hervorheben, eingebettet in und verdichtet durch die anderen angeführten Strategien.

Diese Beispiele zeigen, wie die politische Idee außerhalb des Parteiensystems durch den Bruch mit Kommunikationsnormen bekräftigt wird. Aus Sicht des Propagandastrategen wird so ein sehr stimmiges Bild kreiert: *Wir sind anders. Das könnt ihr auf jeder Ebene, in jeder unserer Facette erleben. Also müssen wir wirklich so sein.* Aus dieser Stimmigkeit erwachsen Glaubwürdigkeit und letztlich Vertrauen auf Seiten der Wähler:innen.

Schließlich gibt es noch eine letzte wichtige Norm, mit der in der Propaganda gebrochen wird. Diese Norm beeinflusst, mit welcher Einstellung Akteur:innen sich überhaupt in einen politischen Diskurs begeben. Der amerikanische Linguist Adam Hodges, der Trumps Kommunikation analysiert hat, weist auf Forschung hin, die in den 2000er Jahren hervorbrachte, dass Menschen einer *Wahrheitsverzerrung* aufsitzen (»truth bias«).[7] Sprich: Wir glauben erst einmal, dass andere Leute die Wahrheit sagen. Wir geben Vertrauensvorschuss. Dementsprechend könne es laut Hodges also einen »Diskurs der Wahrhaftigkeit« geben, der sich um so viel Sachlichkeit wie möglich bemüht. Diesem erstrebenswerten, normativen Diskurs stellt Hodges den »Diskurs des Theaters« gegenüber, den Trump betreibe. Hier greift die Wahrheitsverzerrung, und sie ist der Grund, warum viele Menschen überhaupt bereit sind, sich auf Trump einzulassen. In dieser Theaterwelt ist Politik reines Schauspiel, voller Botschaften, die auf das emotionale Verlangen der Zielgruppe ausgerichtet sind. Sprache und Kommunikation dienen hier dazu, »Emotion zu transportieren und eher die generelle ideologische Orientierung des Politikers anzusprechen als spezifische politische Details«.[8]

Dies sollte allen Beobachter:innen zu denken geben.

Trump hat den Diskurs des Theaters zwar auf eine vorläufige Spitze getrieben, aber er lässt sich mühelos in andere Länder übertragen. Für sachorientierte Kommunikation ist im Diskurs des Theaters wenig Platz. Wahrhaftigkeit spielt keine Rolle. Schlimmer noch: Sie wird gar nicht benötigt.

Kapitel 4

Verschwörungsbehauptungen: Manipulative Umdeutungsrahmen

Schon seit langem erzählen sich Gesellschaften sogenannte Verschwörungstheorien. Auf Wikipedia wird gar eine entsprechende Liste geführt, die vom 12. Jahrhundert bis in die Gegenwart reicht. Hier finden sich vermeintliche Ritualmorde, Brunnenvergiftung und Hexenlehre – sowie die Mutter der modernen Verschwörungstheorien, die behauptet, es gebe einen Geheimkreis von Jüd:innen, die die Geschicke der Welt beherrschten. Die »Protokolle der Weisen von Zion« wurden in der zweiten Hälfte des 19. Jahrhunderts in Umlauf gebracht. Der Historiker Wolfgang Benz hat nachgezeichnet, wie sie durch Europa waberten. Hitler und Goebbels hielten sie für unwahr, doch die Nazis griffen sie auf – immer das propagandistische Potenzial vor Augen.[1] In der Gegenwart haben sogenannte Verschwörungstheorien Hochkonjunktur – sowohl, was ihre Menge und Verbreitung angeht, als auch in Bezug auf die Erklärungsversuche für das Phänomen. Es existiert ein Strauß von Verschwörungstheorien, von der Theorie zur Existenz von bösartigen Reptiloiden über jene der sogenannten Chemtrails bis hin zu hochpolitischen Ansätzen wie der Behauptung, die 9/11-Terroranschläge seien von der US-amerikanischen Regierung selbst durchgeführt worden. Rund um Corona ist noch einmal eine ganze Reihe skurriler Verschwörungstheorien hinzugekommen.

Um sich dem Phänomen zu nähern, sollten zunächst die Begrifflichkeiten geschärft werden, denn genau genommen handelt es sich nicht um Theorien. Das erweckt den völlig falschen Anschein der Wissenschaftlichkeit. Selbiges gilt für den Begriff »Verschwörungshypothesen«. Auch sind es keine Mythen, die aufgrund langer Tradierung einen kulturellen Wert hätten. »Verschwörungsideologie« verengt den Blick auf die übergeordnete Bewertung und lässt die grundlegende Frage nach dem Wahrheitsgehalt außer Acht. Der inzwischen häufiger benutzte Begriff der »Verschwörungserzählungen« lenkt ebenfalls vom Wesentlichen ab: Der Punkt ist ja nicht, dass Verschwörungen *erzählt* werden. Will man es so nüchtern und wertneutral wie möglich formulieren, erscheint der Begriff »Verschwörungsbehauptungen« zielführend. Es wird behauptet, dass es unglaubliche und unglaublich groß angelegte Verschwörungen gibt.

Zur Diskussion um Verschwörungsbehauptungen gehört das weite Feld von Lüge und Wahrheit. Sind Verschwörungsbehauptungen schlichtweg Lügen? Viele werden das so sehen – oder manches als Volksglauben betrachten. Auf der anderen Seite haben Propagandist:innen und Konspirationsgläubige früh damit begonnen, ihre Verschwörungsbehauptungen durch vermeintliche Beweise und eine Unmenge von Details zu schützen. Zusätzlich sollen diese »Beweise« und Details auch alle anderen Darstellungen infrage stellen: Die Verschwörungsbehauptung sät Zweifel. *Beweis mir doch das Gegenteil!*, ist eine häufige Argumentationsfigur. Wer sich aus aufklärerischem Ehrgeiz auf sie einlässt, betritt das Spielfeld der Propagandist:innen und muss sich dessen bewusst sein. Um Verschwörungsbehauptungen besser zu verstehen, ist es wichtig, sich auf ihren tieferliegenden funktionalen Gehalt zu konzentrieren, denn darin liegt die besondere Wirksamkeit von Verschwörungsbehauptungen verborgen, die hier zunächst beleuchtet wird.

Eine besonders wirkungsvolle Verschwörungsbehauptung macht seit Anfang des Jahrtausends in Europa die Runde. Demnach wollten die europäischen Eliten im Zuge der »großen Umvolkung« ihre christlichen Bürger:innen gegen muslimische austauschen. Viele Propagandaparteien greifen auf diese Behauptung zurück, die ihren Ursprung im Buch *Le grand remplacement* des französischen Neurechten Renaud Camus hat.

Donald Trump und sein Umfeld zeichnen gleich für diverse Verschwörungsbehauptungen und ihre Verbreitung verantwortlich, wie zum Beispiel die Behauptung, Barack Obama sei unrechtmäßig Präsident geworden, weil er gar nicht in den USA geboren sei. Trump selbst hatte sich weit vor seiner Kandidatur an die Spitze der »Birther« gesetzt. Am Ende seiner Präsidentschaft baute Trump selbst seine wohl folgenschwerste Verschwörungsbehauptung auf, indem er behauptete, er sei nur durch einen Betrug, eine gestohlene Wahl, abgewählt worden.

All das ist freilich Unsinn. Propagandistische Verschwörungsbehauptungen sind destruktive Konstruktionen von Wirklichkeit, komplexe Lügengebäude mit dem alleinigen Ziel der unterschwelligen Manipulation.

Nach wie vor herrscht vielerorts Entsetzen darüber, wie Menschen auf diese Erfindungen hereinfallen können. Und doch ist es mit Blick auf Propagandaparteien wichtig, dieses Thema gerade nicht abzutun, weil man sonst versäumt, die propagandistische Funktion und Wirkung richtig zu verstehen. Hierfür gilt es, psychologische Phänomene zu berücksichtigen wie etwa verschiedene Formen kognitiver Verzerrung (»Bias«), die unser Gehirn vornimmt. Der Glaube an Verschwörungsbehauptungen hat durchaus auch rational fassbare Funktionen: Er produziert Stimmigkeit in einer chaotischen Welt, er erzeugt dort ein Gefühl der Kontrolle, wo Kontrollverlust empfunden wird, und er bestärkt die gläubige Person in ihrem Selbstbild, weil sie meint, die Dinge besser zu durchdringen als andere – zu den Wissenden zu gehören, die den Durchblick haben.[2] Die anderen werden als blind und schlafend abgewertet, was, um die historischen Parallele zu den Nazis weiterzuführen, nicht zufällig stark an die NS-Parole »Deutschland erwache« erinnert, die sich unter anderem häufig auf NS-Bannern fand.

Hier soll die volle Konzentration auf dem kommunikativen Kontext von Propaganda und Verschwörungsglauben liegen. Denn dieser ist unterbelichtet und bislang kaum systematisch diskutiert worden.[3] Angeblich gebe es keinen Zusammenhang zwischen Propaganda und Verschwörungsbehauptungen. Konspirationistisches Denken sei ein »nicht notwendiges Element des populistischen Diskurses«,[4] sprich des propagandistischen Diskurses. Doch damit übersieht die Forschung einen ganz grundlegenden Aspekt der Propaganda. Wie im Folgenden deutlich wird, gibt es sehr wohl eine enge, sogar eine notwendige und zwingende Verbindung.

Nachdem die politische Idee entworfen und durch den Bruch von Kommunikationsnormen untermauert wurde, muss jeder weitere Schritt der Propagandapartei hohe Aufmerksamkeit generieren. Das ist das A und O, denn ohne Aufmerksamkeit keine Chance auf Emotionalisierung und ohne Emotionalisierung keine Gefolgschaft. Dafür müssen dem Publikum die Originalität und Einzigartigkeit der Unternehmung bewiesen werden. Die abstrakte Idee muss außerdem erzählbar werden, um Aufmerksamkeit generieren zu können. Sie braucht eine einfache, griffige und dadurch einprägsame Übersetzung in die Lebenswelt der Menschen. Menschen sind sehr gut darin, diese Übersetzungen von Abstraktion in Konkretion anhand von Geschichten zu leisten.

Von jeher sind Menschen Geschichtenerzähler und Zuhörer – ob nun als orale Tradition oder Höhlenmalerei. Geschichten sind wirkungsvolle Transportmittel für Informationen und Emotionen. Es hat keine Zeit in der Menschheitsgeschichte gegeben, in der von so vielen Menschen so viel erzählt wurde wie in der unsrigen; in der so professionell erzählt wurde und auf so vielen Kanälen, in Radio- und Fernsehsendern, sozialen Medien, in Büchern aus (Selbst-)Verlagen, im Kino, in Serien auf Streamingplattformen, im Audiobereich oder in Selbstdarstellungen von Personen oder Organisationen. Es wird kaum eine Generation geben, die so intensiv darin geübt ist, Massen an Geschichten zu konsumieren und aufzunehmen. Die Medialität der Gegenwart ist unübertroffen, die Datenmengen, die allein auf YouTube hochgeladen werden, brechen von Jahr zu Jahr Rekorde. Narrativität ist allgegenwärtig. Alles wird in Storys verpackt. Gut gegen Böse ist eines der ältesten Motive der Menschheitsgeschichte, das heutzutage viele Erzählungen dominiert.

Der Erzähl- und Empfangsmuskel für Geschichten ist dadurch bei den Menschen der Gegenwart extrem austrainiert. Und unsere Gedächtnisse, unsere Festplatten für Storys, sind ziemlich voll. Sie müssen heute also eine ganz besondere Geschichte erzählen, ein packendes Narrativ, wenn Sie wahrgenommen werden wollen.

Dies ist ein wichtiger Aspekt von Verschwörungsbehauptungen. Den größten gewünschten Effekt kann eine Propagandapartei in Themenbereichen erzielen, die bislang keine mediale Sichtbarkeit haben. Zum Vorgehen gehört daher, neue Spielfelder zu eröffnen, in denen die Propagandist:innen a) die Spielregeln bestimmen, b) inhaltlich dominant sind und c) sicher mediale Aufmerksamkeit bekommen. Eine Propagandapartei, die sich außerhalb des sonstigen Spektrums platziert, muss darüber hinaus auch Geschichten außerhalb des Spektrums aufgreifen – oder zumindest vorgeben, als tue sie dies in besonders konsequenter Weise. Verschwörungsbehauptungen gehören zu den starken Geschichten, die außerhalb des normalen Spektrums kursieren und sich meist über viele Jahre »bewährt« haben, da sie in der Lage waren, viele Menschen zu binden. Das Nutzen oder Konstruieren von Verschwörungsbehauptungen ist für Propagandaparteien insofern hoch funktional.

Durch die Kommunikatorenbrille betrachtet lassen sich Verschwörungsbehauptungen als große Deutungsrahmen verstehen, die hier *Meta Frames* genannt werden sollen. *Framing* meint dabei eine bewusste Wort- oder

Themenwahl, die einen Deutungsrahmen vorgibt, in welchem ein Sachverhalt diskutiert werden soll. Jede (politische) Geschichte kann einer solch bewussten Wort- und Themenwahl unterliegen. Das *Meta* soll die Größe des Deutungsrahmens verdeutlichen – viele politische Verschwörungsbehauptungen sind sehr groß und weit gefasst. Das hat zur Folge, dass besonders viel in sie hineingedeutet und bei ihnen neu angedockt werden kann. Das wiederum ist für eine Propagandapartei enorm wichtig, weil sie alltägliche Situationen im Rahmen der behaupteten Verschwörung fixieren und als »Beweise« heranziehen kann. Wer diese »Beweise« entkräften will, betritt das Spielfeld der Propagandist:innen und Verschwörungsgläubigen und startet aus der Defensive im Rechtfertigungsmodus. Die Entkräftung generiert zusätzliche Aufmerksamkeit für die ursprüngliche Propaganda – ein unauflösbares Dilemma.

Meta Frames fungieren als Umdeutungswerkzeuge. Möglichst viele einzelne Ereignisse mit der übergreifenden Makrobehauptung der Verschwörung zu verknüpfen, befeuert das Thema handwerklich immer wieder von Neuem. Es bringt eine starke Verdichtung, prägt sich der Masse ein und produziert bei der empfänglichen Öffentlichkeit Glaubwürdigkeit für diejenigen, die den Zusammenhang herstellen. Meta Frames bilden Ankerpunkte inmitten einer Nachrichtenlage, die ständig in Bewegung ist. Sie wirken wie Magnete auf die öffentliche Aufmerksamkeit.

Nehmen wir als Beispiel die Verschwörungsbehauptung der Umvolkung. Die politische Elite wolle das eigene Volk durch Muslime ersetzen, so das Szenario. Wenn nun Kanzler Scholz eine Politikerin muslimischen

Glaubens für einen christlichen Vorgänger einsetzt, wird die Propagandapartei dieses Ereignis höchstwahrscheinlich in den Rahmen der Verschwörungsbehauptung Umvolkung setzen. Es braucht nicht viel Fantasie, um sich weitere Ereignisse vorzustellen, die in diesen Rahmen passen und die Verschwörungsbehauptung vermeintlich »beweisen«. Lässt Kanzlerin Merkel viele Flüchtende ins Land, so hat das nichts mit Notlagen und Humanität zu tun, sondern – klar – mit dem Meta Frame Umvolkung. Hier greift das Phänomen der Ankerheuristik: Das Ereignis sehr schnell und aggressiv in diesen Deutungsrahmen zu stellen, setzt den Ankerpunkt für die weitere Diskussion. Das Spielfeld ist abgesteckt. Die anderen Parteien müssen sich an den steilen Thesen der Propagandapartei abarbeiten. Nicht von ungefähr sind Propagandaparteien beste Lieferanten der Aufmerksamkeitsökonomie. Sie nutzen, wann immer möglich, die mediale Macht des ersten Aufschlags.

Dieses Instrument der Verschwörungsbehauptungen als Meta Frames für politische Alltagserregung wird von zwei psychologischen Tatsachen massiv befördert. Erstens hat der US-Soziologe Ted Goertzel Mitte der 1990er Jahre die Entdeckung gemacht, dass Menschen, die an eine Verschwörungsbehauptung glauben, stark dazu neigen, auch weitere für bare Münze zu nehmen.[5] Das heißt: Nur eine einzige Verschwörungsbehauptung muss bei einem Menschen Anklang finden, gleich einer Einstiegsdroge, und damit ist das gesamte Feld des Verschwörungsglaubens geöffnet. Womöglich gibt es deswegen so viele verschiedene Verschwörungsbehauptungen, um Menschen mit unterschiedlichsten Ängsten und Überzeugungen regelrecht anzufixen und damit erreichbar zu machen für propagandistische Arbeit. Außerdem greift bei den Meta Frames, die auf Grundlage einer Verschwörungsbehauptung bespielt werden, der *Bestätigungsfehler* (»Confirmation Bias«). Bereits in den 1960er Jahren stellte der Psychologe Peter Wason diese kognitive Verzerrung fest. Menschen nehmen bevorzugt Informationen auf, die ihre bereits gefasste Meinung bestätigen. Glaube ich an eine Verschwörungsbehauptung, erreicht mich eine entsprechende Information besonders gut, ich glaube auch sie – was mich wiederum in meiner Auffassung bestärkt.

Einmal erfolgreich gesät und ausdauernd gepflegt, sind Verschwörungsbehauptungen als Meta Frames für Propagandaparteien rund um die Uhr triggerbar – wenn nicht Meinungsführer:innen, etwa in den sozialen Netzen, die Verknüpfungen gleich selbst herstellen und die Agenda setzen. Die Propagandapartei braucht die Welle dann nur noch mitzureiten. Dieses Aufsetzen auf Trendthemen des Tages wird allgemein *Agenda Surfing* genannt. Nicht zu unterschätzen ist die Flexibilität dieser Strategie, Ereignisse mit einer Verschwörungsbehauptung im Rahmen eines Meta Frames zu verknüpfen, denn es kursieren die verschiedensten Verschwörungsbehauptungen, und es sind weitere formbar. Nicht zuletzt können auch neue Themen – Stichwort Corona-Impfung – aufkommen. Der Erfolg dieser Strategie lässt sich, gerade auf Social Media, in Echtzeit messen und dokumentieren.

Es ist sehr aufschlussreich, selbst gesetzte Verschwörungsbehauptungen von Propagandaparteien unter die Lupe zu nehmen. Erkennbar wird ein vierstufiges erzählerisches Muster:

1 Zunächst wird ein angeblich skandalöses Ereignis benannt oder ein untragbarer Zustand markiert.
2 Im nächsten Schritt werden die Schuldigen verkündet.
3 Es wird eine nahende Dystopie beschrieben.
4 Zuletzt wird behauptet, dass sofortiges Handeln geboten sei, um das Land zu verteidigen oder wahlweise die Welt zu retten.

Wie dieses Raster in konkreten Fällen aussieht, zeigt etwa folgendes Beispiel aus den USA:
1 Das starke Amerika ist verrottet. Wir können nicht mal unsere Grenzen davor schützen, dass Vergewaltiger und Verbrecher illegal in unser Land kommen.
2 Schuld ist die abgehobene, schwache Elite in Washington, die diese Kriminellen ins Land lässt.
3 Wenn wir nichts tun, geht unser Land demnächst unter.
4 Wir müssen jetzt aufstehen, ehe es zu spät ist.

Diese Erzählung einer Verschwörungsbehauptung hat Donald Trump genutzt, um ins Präsidentenamt zu kommen. Ein Politberater von Trump, Dick Morris, hat im Sommer 2022 in einem 230-seitigen Buch vorgestellt, mit welcher Message der Republikaner nun wieder ins Amt kommen könne.[6] Dies macht plastisch deutlich, wie lebendig und gegenwärtig die beschriebenen Denkmuster und Techniken sind. Propaganda ist hier und jetzt. Sie gärt in diesem Augenblick an zig Orten auf der Welt. Morris' Idee einer Verschwörungsbehauptung lässt sich hinsichtlich der Präsidentenwahl 2024 so zusammenfassen:
1 Die USA drohen, eine Kolonie Chinas zu werden, was das Ende unserer Freiheiten und unserer Lebensweise bedeutet.

2 Schuld daran sind Präsident Biden, der auf Chinas Gehaltsliste steht, und die radikalen, marxistischen, revolutionären Hintermänner in der demokratischen Partei, die Biden als Marionette benutzen.
3 Wenn nicht sofort jemand einschreitet, werden wir von China wirtschaftlich abhängig, herrscht Rassensegregation gegen Weiße, ertrinken wir in einem Meer illegaler Einwanderung und modeln grüne Fantasten die USA so um, dass wir – die Mehrheit – unser eigenes Land nicht mehr wiedererkennen werden.
4 Donald Trump muss 2024 zum Präsidenten gewählt werden, denn ihm ist es schon einmal gelungen, die schlafende Mitte Amerikas zu erwecken; er ist der Einzige, der den Untergang verhindern kann.

In Großbritannien verlief die Erzählung zur Verschwörungsbehauptung, die die Brexit-Kampagne gestützt hat, folgendermaßen:
1 Wir verlieren unsere nationale Eigenständigkeit und Identität.
2 Schuld daran ist unsere ängstliche Führung, die sich dem Diktat der EU beugt, hinter der Deutschland steckt.
3 Wenn nichts passiert, übernehmen EU-Bürokraten in Kürze unser Land und ziehen uns das Geld aus der Tasche.
4 Wir müssen die EU sofort verlassen, um unser Land vor dem Verderben zu retten.

Die Verschwörungsbehauptung der Umvolkung wurde bereits eingeführt. Sie wird zum Beispiel in Deutschland, Österreich, Frankreich und Ungarn erzählt:

1 Es ist eine Umvolkung im Gange, deshalb die ganze unkontrollierte Einwanderung.
2 Schuld sind die Multi-Kulti-Marionetten in unseren Regierungen (oder wahlweise in der EU oder bei den Vereinten Nationen, die von George Soros und anderen Hintermännern gesteuert werden).
3 Wenn nichts passiert, nehmen die uns unser Land weg.
4 Wir müssen jetzt die Grenzen dicht machen und Muslime rauswerfen, sonst ist Deutschland/Österreich/Frankreich/Ungarn, wie wir es kannten, dem Untergang geweiht.

Und auch die folgenschwere Verschwörungsbehauptung der Nazis funktionierte nach diesem Muster:
1 Die Welt hat sich gegen Deutschland verschworen, schaut euch den Versailler Vertrag an.
2 Schuld daran sind die Juden und die Bolschewiken (die jüdisch unterwandert sind). Sie steuern die deutsche Regierung.
3 Wenn nichts passiert, werden wir endgültig vernichtet.
4 Wir müssen unser Land mit allen Mitteln verteidigen, ehe es zu spät ist.

Man kann festhalten, dass diese Verschwörungsbehauptungen »baugleich« aufgezogen sind. Sie stecken voller negativer Energie, die jedoch sehr gut zur »Dynamisierung des starren Systems« geeignet ist. Die Erzählungen sind einfach: Alles steht schon fest und ist durchschaut, der Fall gelöst, die Schuldigen sind mühelos ermittelt, weil sie trotz ihrer vorgeblichen Gerissenheit und ihrer enormen Ziele außerordentlich inkompetent und wehrlos sind.[7] Jede reale Komplexität ist wegerzählt, Gut und

Böse klar markiert. Die Retter der Propagandapartei stehen bereit. Der Held muss nur noch handeln …

Jede Stufe dieser Mechanik will propagandistisch konstruiert sein:
1. Skandalöses Ereignis/untragbarer Zustand: Die Propaganda braucht als Ausgangspunkt eine große Bedrohung, je größer, umso besser. Der Einsatz ist hoch, es geht um die eigene Existenz.
2. Die Schuldigen: Die Propaganda muss dafür sorgen, dass die Schuldigen zwar pauschal klar benannt, aber als Feindbild auch gerne schwammig umschrieben werden. Am besten docken sie an vorhandene Ressentiments an.
3. Nahende Dystopie: Das Untergangsszenario muss drastisch ausfallen. Ganz wichtig: Man wird angegriffen. Man wird gezwungen zu reagieren im Sinne der Selbstverteidigung, ist moralisch ohne jeden Zweifel im Recht, was die Ergreifung drastischer Maßnahmen a priori legitimiert.
4. Sofortiges Handeln: Die Dringlichkeit muss ganz klar werden. Dies ist der Grund für die »5-vor-12-Rhetorik«, die die Propagandapolitiker:innen immer wieder intonieren. Vergleichbar ist das mit dem Aufruf zu handeln in der Werbebranche, dem »call to action«; nur dass man durch die Werbung bloß ein Produkt kaufen soll. Und natürlich hat allein der Anführer oder die Anführerin der Propagandapartei die Klasse, dieses Riesenproblem zu meistern.

Der Amerikanist Michael Butter hat zahlreiche Verschwörungsbehauptungen untersucht und dabei zwei Parameter in ihren Erzählmustern entdeckt. Zwar werden Verschwörungsbehauptungen immer gleich konstruiert, doch sie unterscheiden sich hinsichtlich der Vorstellung, woher die vermeintliche Verschwörung stammt: Sie kann laut Butter von unten oder von oben ausgelöst werden und von außen oder von innen kommen.[8]

Betrachtet man diese beiden Parameter bei den Verschwörungsbehauptungen von Propagandaparteien, die an die Macht streben, kommt ein einheitliches Bild zustande: Die vermeintlichen Verschwörungen nähren sich hier immer *von oben* und kommen *von außen*. Die herrschende Elite des jeweiligen Landes ist schwach und unfähig. Die reale Bedrohung kommt aus Mexiko, islamischen Ländern oder gar der ganzen restlichen Welt. Diese Kombination – Verschwörung von oben und von außen – ist bei näherer Betrachtung alles andere als ein Zufall. Stünde nicht das »Außen« am Pranger, sondern das »Innen«, wäre ja die Masse unter den vermeintlichen Verschwörer:innen. Genau diese will die Propagandapartei aber für sich gewinnen. Und wenn die amtierende Elite »oben« nicht an der imaginierten Verschwörung beteiligt wäre, wäre es legitime Aufgabe ebendieser Machthabenden, gegen den Missstand vorzugehen. Wenn Propagandist:innen also die Masse irgendwie gewinnen müssen mit dem Ziel, die amtierende politische Elite zu ersetzen und selbst an die Macht um der Macht willen zu kommen, ist genau diese Kombination bei der Konstruktion einer von politischen Interessen geleiteten Verschwörungsbehauptung die einzig zulässige. Es lässt sich auf die Formel bringen: Verschwörungsbehauptung gleich vierstufiges Erzählmuster mal Verschwörung von außen und oben. Die Propagandapartei arbeitet gezielt wie flexibel mit Verschwörungsbehauptungen, um ihre Idee maximal erzählbar zu machen und alle möglichen Ereignisse in diese Deutungsmuster einzulesen.

Alles in allem sind Verschwörungsbehauptungen für Propagandaparteien zwingend notwendige Bausteine der Manipulation, die Meta Frames zur Umdeutung aktueller Ereignisse bieten. Und wie verschiedene Studien auf nationaler und internationaler Ebene konsistent belegen, sind sie ein extrem erfolgreiches Element im Werkzeugkasten der Propaganda. Die zweijährlich durchgeführte Leipziger Autoritarismus-Studie[9] kam etwa Ende 2020 für Deutschland zu diesen Kernergebnissen:

- In der Pandemie stieg die Verschwörungsmentalität auf 38,4 Prozent (2018 waren es 30,8 Prozent).
- Fast jeder Dritte meint, die meisten Menschen würden nicht erkennen, in welchen Ausmaß unser Leben durch geheime Verschwörungen bestimmt werde – und dass Politiker:innen nur Marionetten dahinterstehender Mächte seien.
- 38,1 Prozent stimmen der Aussage zu, dass Geheimorganisationen großen Einfluss auf politische Entscheidungen hätten.

Doch Verschwörungsbehauptungen sind nur ein Baustein von mehreren, die auf das Terrain von Lüge und Wahrheit einwirken, wie im Folgenden dargestellt wird.

Kapitel 5
Große Lügen

In den Kommunikationslogiken der Propagandaparteien spielt die Lüge eine herausgehobene, eigene Rolle, weshalb sie hier gesondert betrachtet wird. Schon Adolf Hitler setzte sich ausführlich mit der Lüge als politischem Mittel auseinander. Er tat dies offen und unverblümt. In *Mein Kampf* finden sich diverse Reflektionen dazu.[1] Besondere Wirkung maß er der großen Lüge zu:

> »Man ging dabei von dem sehr richtigen Grundsatz aus, daß in der Größe der Lüge immer ein gewisser Faktor des Geglaubtwerdens liegt, da die breite Masse eines Volkes im tiefsten Grund ihres Herzens leichter verdorben, als bewußt und absichtlich schlecht sein wird, mithin mit der primitiven Einfalt ihres Gemüts einer großen Lüge leichter zum Opfer fällt als einer kleinen.«[2]

Das dumme Volk würde eine große Lüge leichter schlucken als eine kleine, weil es sich gleichsam gar nicht vorstellen könne, dass so eine große Lüge möglich wäre. So Hitlers Logik.

Man muss attestieren, dass die Propagandist:innen des NS-Regimes das menschliche Wesen intuitiv treffend erfasst hatten. Forschung in der Sozialpsychologie hat Jahrzehnte später festgestellt, dass an Menschen das Phänomen der *Proportionalitätsverzerrung* (»Proportionality Bias«) beobachtet werden kann. Kurz gesagt bedeutet das: Wir glauben, dass große Ereignisse auch große Ursachen haben. Das steckt in uns – und ist gerade mit Blick auf große Lügen von äußerst nachteiliger Wirksamkeit.

Hitler rühmte sich selbst dafür, dass er seinen Putsch dank einer großen Lüge seinem Kompagnon Erich Ludendorff, General und Politiker, habe unterschieben können. Lügen ziehen sich durch die gesamte NS-Zeit. 1938 verkündete Hitler mit Blick auf die Sudetenfrage – er forderte »deutsche« Landesteile der Tschechoslowakei –, es handle sich um »die letzte territoriale Forderung«, die er in Europa stellen werde.[3] Ein Jahr später griff er Polen an und löste den Zweiten Weltkrieg aus. Diese Fälle lassen sich als glatte Lügen kategorisieren.

Verschwörungsbehauptungen sind in diesem Kontext nichts anderes als ganze Lügengebäude. Und es gibt noch eine dritte Art von Lüge, die hier dargelegt wird, weil sie nicht nur von den Nazis massiv verwendet wurde, sondern auch heute intensiv zum Einsatz kommt. Diese Lüge wurde bereits in den 1930er Jahren »Spiegelreflex« genannt: Man erfindet keine glatte Lüge, sondern man stellt die Wahrheit auf den Kopf und vertauscht Ross und Reiter. Siegfried Kracauer beschrieb dieses Phänomen damals sehr präzise:

> »Man legt die Wahrheit nicht aus, verdreht sie vielmehr dadurch total, daß man den Gegner genau der Handlungen und Machinationen [bezichtigt], die auf

der eigenen Linie liegen – ein vielbeobachtetes Manöver, das ›Spiegelreflex‹ getauft worden ist.«[4]

Goebbels hat sich in seinen Texten und Artikeln reichlich dieser Technik bedient. Insbesondere in Bezug auf Jüd:innen verdrehte er wieder und wieder die Rollen von Aggressor und Opfer. So schrieb er beispielsweise 1929 in seinem Artikel *Der Jude*:

»Schnell macht er aus dem Gegner das, was der eigentlich an ihm bekämpfen wollte: den Lügner, den Unfriedenstifter, den Terroristen. Nichts wäre falscher, als wollte man sich dagegen verteidigen. Das möchte der Jude ja. Er erfindet dann täglich neue Lügen, gegen die sich sein Gegner nunmehr zur Wehr setzen muß, und das Ergebnis ist, er kommt vor lauter Rechtfertigung nicht zu dem, was der Jude eigentlich fürchtet: ihn anzugreifen. Aus dem Angeklagten ist nun der Ankläger geworden, und der drückt mit viel Geschrei den Ankläger in die Anklagebank hinein.«[5]

Hier beschreibt Goebbels, was die Nazis den Jüd:innen angetan haben, und behauptet einfach, es sei andersherum. Diese dreiste Täter-Opfer-Umkehrung, die die eigene Strategie offenlegt, sie aber einfach ihren Opfern in die Schuhe schiebt, hat Goebbels vielfach angewendet.

Die Wurzeln der modernen politischen Lüge in der NS-Propaganda sind in diesem Buch nicht ohne Grund ausführlicher dargestellt. Es ist dringend geboten, die konkreten Techniken und ihren Ursprung zu kennen, wenn man besser verstehen will, wie die Propaganda der Gegenwart vorgeht. Gerade die Methode des Spiegelreflexes ist in ihrer Wirkung nicht zu unterschätzen. Anders als die glatte Lüge, die keine Verbindung zur Realität hat, funktioniert der Spiegelreflex über die Umkehrung der Realität. Er setzt Lüge und Wahrheit miteinander in Beziehung, indem er alles auf den Kopf stellt. Das ist keine Technik aus der Mottenkiste. Heutzutage spricht man auch von *Reverse Labeling* (»umgekehrte Etikettierung«).[6]

Die russische Kriegspropaganda hat versucht, den illegalen Angriffskrieg auf die Ukraine mit einem ganzen Arsenal von Lügen zu begründen. Die massive Erhöhung militärischer Präsenz an der Grenze lange vor Kriegsbeginn begründete sie mit der Behauptung, die Ukraine plane eine Militäroffensive im Donezbecken. Das darf man einen lupenreinen Spiegelreflex nennen. Bis Kriegsbeginn behauptete Russland, es handle sich nur um Truppenübungen, man hege keinerlei andere Absichten, von ihnen gehe keine Gefahr aus. Zu dieser glatten Lüge kam ein weiterer Spiegelreflex: Es sei doch der Westen, der Manöver in der Ukraine durchführe. Es sei »alarmierend«, wie viele Truppen die Ukraine nahe den prorussischen Gebieten im Osten der Ukraine zusammengezogen habe. Mit Kriegsbeginn behauptete Russland, es sei zum Einmarsch gleichsam gezwungen worden, um seine Bevölkerung im Donbass vor einem Genozid zu schützen. Und schließlich wartete Russland noch mit der Verschwörungsbehauptung auf, die ukrainische Regierung sei faschistisch und die Ukraine müsse entnazifiziert werden. Durch das Nazi-Framing wurde hier versucht, an der Heimatfront zu punkten, indem der Nationalstolz auf den Sieg im Großen Vaterländischen Krieg getriggert werden sollte. Allerdings ist Präsident Selenskyj selbst jüdisch, sein Großvater diente im Zweiten Weltkrieg in der Sowjetarmee als Offizier und dessen drei Brüder und dessen Vater wurden im Holocaust ermordet.[7]

Gewiefter wird Propaganda in den USA betrieben. Es ist unumgänglich, auch hier Donald Trump als Beispiel anzuführen, der sich eine Parallelwelt »alternativer Fakten« aufbaute, die allein darauf ausgerichtet war, die Empfindungen seiner Anhänger:innen zu bedienen und Emotionen auszulösen – mit dem eigentlichen Ziel, blinde Gefolgschaft zu generieren. Er hat nachweislich traurige Rekorde aufgestellt. Die Faktenchecker:innen der *Washington Post* zählten mehr als 30 000 irreführende Behauptungen und Falschaussagen Trumps im Präsidentenamt.[8]

Trump hat sein lockeres Verhältnis zur Wahrheit übrigens Jahrzehnte vor seiner politischen Karriere zur Methode erkoren. In seinem Buch *The Art of the Deal* schrieb er 1987:

> »Ich spiele die Fantasie der Leute an [...] Die Leute wollen glauben, dass etwas das Größte, Großartigste und Spektakulärste ist. Ich nenne das wahrheitsgemäße Übertreibung. Es ist eine unschuldige Form der Übertreibung – und es ist eine sehr effektive Form der Werbung.«[9]

Die Verkaufsphilosophie der »wahrheitsgemäßen Übertreibung« muss sich in den Folgejahren etwas verselbständigt haben.

Als Trump im Amt herrschte, nutzte er auffällig häufig Formulierungen wie »I was told«: Mir wurde erzählt, mir wurde zugetragen, ich habe im Fernsehen gehört ...

Und dann folgten die wildesten Verschwörungsbehauptungen und Lügen. Hier wird es interessant. Denn diese Formulierungen waren absolut kein Zufall. Zuallererst signalisierten sie natürlich seinen Anhänger:innen, dass er ihnen zuhört, sie sogar aufgreift und damit adelt. Darüber hinaus, und dieser Aspekt ist schon nicht mehr so offensichtlich, sollte der unscheinbare, umgangssprachlich wirkende Zusatz für mehr Glaubwürdigkeit sorgen. Menschen glauben nämlich nicht so gern einer singulären Aussage. Wirksamer wird sie, wenn sich mehrere einer Aussage anschließen und Übereinstimmendes sagen. Eine solche *Authentifizierungskette* (»Chain of Authentication«) qualifiziert am Ende gar unseriöse und intransparente Ursprungsquellen einer Aussage, weil der Ursprung verwischt und von der vermeintlich beweiskräftigen Kette überlagert wird. Dieses Phänomen hat die linguistische Anthropologin Judith Irvine im Rahmen ihrer Rassismusforschung Ende der 1980er Jahre entdeckt.[10]

Die Authentifizierungskette ist aber nicht die einzige verborgene Funktion. Das harmlos wirkende »I was told« hat noch einen weiteren Zweck. Der Verweis auf eine – nicht näher definierte – Quelle eröffnete Trump die Möglichkeit, eine Aussage, wenn nötig, zurückzunehmen, ohne Schaden davonzutragen. Da hatte ihm jemand leider etwas Falsches erzählt. Schwupps, schon ist man aus dem Schneider. Auch hierfür gibt es einen Terminus technicus, der auf Zeiten vor Trump zurückgeht: *glaubhafte Abstreitbarkeit* (»Plausible Deniability«).

Glaubhafte Abstreitbarkeit auf der einen Seite und *Authentifizierungskette* auf der anderen Seite – die beiden Funktionen des »I was told« wirken nur auf den ersten Blick wie ein Paradox. Für einen Lügenbold wie

Trump sind sie vielmehr perfekt: maximierte Wirkung der irreführenden Aussage – kombiniert mit der minimierten Gefahr, zur Rechenschaft gezogen zu werden. So geht politisches Lügen-Verbreiten 4.0.

Spiegelreflexe gehörten ebenso zu Präsident Trumps Repertoire wie glatte Lügen. Der größte und dreisteste Spiegelreflex war der, der ein Erdbeben in der Medienwelt auslöste: »You are fake news.« Ein notorischer Lügner bezichtigt Journalist:innen der renommiertesten Medien des Landes der Lüge. Er nennt eigene Lügen »alternative Fakten« und wissenschaftlich anerkannte Fakten Lügen. Das erinnert – ganz im Sinne des oben angeführten Diskurstheaters – an Shakespeares *Macbeth*: »Fair is foul, and foul is fair.« Schlecht ist recht und recht ist schlecht.

Trump und Putin sind mitnichten die einzigen Propagandisten der Gegenwart, die mit glatten Lügen und Spiegelreflexen arbeiten. In Deutschland agiert die AfD zum Beispiel mit der Behauptung, im Lande herrsche eine Meinungsdiktatur. Man könne gar nicht mehr seine Meinung sagen. Die Meinungsfreiheit sei vom Mainstream untergraben worden. Dabei haben die Partei und ihre Anhänger:innen nichts ungesagt gelassen. Sie wurden nicht am Sprechen gehindert. Nichts wurde unterdrückt. Vielmehr sind es die AfD und ihre Sympathisant:innen, die dem Rest ihre Meinung aufoktroyieren wollen, keine andere Meinung gelten lassen und – speziell im Netz – Andersdenkende niederbrüllen (lassen) und Gewaltfantasien, Gewalt und, ja, auch Mord Vorschub leisten oder gutheißen. Ein Spiegelreflex par excellence. Die frühere Kanzlerin Angela Merkel merkte richtigerweise an, Meinungsfreiheit bedeute nicht Widerspruchsverbot.[11]

Im Kontext der Lüge lohnt sich auch ein Blick auf die Propaganda der PiS-Partei in Polen. Als in Polen etwa eine Debatte über die eigene Rolle in der NS-Zeit aufkam, hieß es kurzerhand, »polenfeindliche Kräfte hätten sich verschworen, um Polen statt Deutschland die Schuld für Auschwitz zu geben«.[12]

Die PiS-Partei arbeitet allerdings nicht nur mit einfachen Lügen, sondern auch mit den komplexen Lügengebäuden der Verschwörungsbehauptungen. Die größte von ihnen rankt sich um den Absturz der Präsidentenmaschine 2010, bei dem der damals amtierende Präsident Lech Kaczyński starb. In kürzester Zeit wurde eine Verschwörungsbehauptung verbreitet, insbesondere auch vom Zwillingsbruder des Verstorbenen, Jarosław Kaczyński. Diese wurde beflügelt vom historischen Kontext der Präsidentenreise. Lech Kaczyński wollte an der Gedenkveranstaltung zum 70. Jahrestag des Massakers von Katyn teilnehmen. Stalin ließ damals 21 000 polnische Soldaten ermorden. Jarosław Kaczyński entwickelte daraus in Andeutungen und Wutausbrüchen die Behauptung, die liberal-konservative Regierung von Donald Tusk stecke mit den Russen unter einer Decke und habe seinen Bruder ermordet. Die offizielle Untersuchung mittels Blackbox hatte jedoch etwas ganz anderes ergeben. Demnach lag über dem russischen Smolensk Nebel. Die Piloten überlegten, eine andere Stadt anzufliegen. Kaczyńskis Team übte wohl Druck aus, der Chef der Luftstreitkräfte ermunterte die Piloten, sie sollten sich die Landung in Smolensk zutrauen. Dort gab es aber keinen Flughafen, sondern lediglich einen Landestreifen im Wald. Die Maschine streifte einige Baumwipfel, überschlug sich und prallte auf den Boden. Ein tragischer Unfall. Trotzdem hat die PiS-Partei die Verschwörungsbehauptung zu Smolensk aufgebaut und aufrechterhalten.[13]

Mit gutem Recht lässt sich die Frage stellen, warum heutige Propagandaparteien auf offene Lügen setzen. In der gegenwärtigen Welt lassen sich Aussagen oft in kurzer Zeit überprüfen, Medien haben auf das vermeintlich postfaktische Zeitalter mit mehr Faktenchecks reagiert. Klar ist: Mit Lügen gehen erhebliche Reputationsrisiken einher. Das gilt allerdings nicht für Anhänger:innen der Propagandapartei, wenn man sich zunächst dieser Zielgruppe annimmt. Bei ihr bestätigen Lügen das eigene Weltbild. Lügen helfen dem Propagandapolitiker, sich gemein zu machen, einen emotionalen Schulterschluss herzustellen. Die nicht vorhandene Faktizität der Lügen ist irrelevant. Was allein zählt, ist die ideologische Glaubwürdigkeit der Lüge. Mit Blick auf die Anhänger:innen ist die Lüge eine vertrauensbildende Maßnahme. Direkt nach dem Unfall glaubte jeder Zehnte an eine Verschwörung. Wenige Jahre später war es jeder Fünfte.[14]

Der Wiederholung der Lüge kommt besonderes Gewicht zu. Wenn sie nicht wie bei den Anhänger:innen ohnehin schon ins Weltbild passt, macht Wiederholung die Menschen vertraut mit einer Aussage oder Behauptung. Was durch Wiederholung irgendwann vertraut klingt, wird in unseren Köpfen glaubwürdiger. Dies wird seit Ende der 1970er Jahre als *illusorischer Wahrheitseffekt* bezeichnet (»Illusory Truth Effect«). Dies gilt nicht nur für Menschen, die unsicher sind, was richtig oder falsch ist. Selbst Wissen schützt nicht vor dem illusorischen Wahrheitseffekt. Im Jahr 2015 fand ein Forscher:innenteam um Lisa K. Fazio heraus, dass Menschen, die anfangs den wahren, korrekten Sachverhalt kannten, durch Wiederholung von Falschinformation ihre Ansicht änderten. Dies führten die Psycholog:innen darauf zurück, dass sich die falsche Information dem Gehirn durch Wiederholung einprägte und sich dadurch leichter und flüssiger abrufen ließ. Diese leichtere Abrufbarkeit missinterpretiere das Gehirn als Wahrhaftigkeit. Das eigentlich vorhandene Wissen wurde von der Falschaussage überschrieben. In der Psychologie wird dieses Phänomen *Verarbeitungsflüssigkeit* (»Processing Fluency«) genannt.[15] Eine Folgestudie von Fazio ergab, dass der illusorische Wahrheitseffekt universell sein dürfte und bereits bei Fünfjährigen nachweisbar ist.[16]

Öffnet man die Perspektive weiter für die Zielgruppe der Gesamtbevölkerung, ist festzustellen, dass die Nazis als Väter der modernen Propaganda klar im Blick hatten, warum sie mit Lügen arbeiteten. So sagte Hitler zum Beispiel:

»Die Masse werde an die Möglichkeit einer so ungeheuren Frechheit der infamsten Verdrehung [...] nicht glauben können, ja selbst bei Aufklärung darüber noch lange zweifeln und schwanken und wenigstens irgendeine Ursache doch noch als wahr annehmen; daher dann auch von der frechsten Lüge immer noch etwas über- und hängenbleiben wird.«[17]

Um dieses Schwanken zu erzeugen, brauchte es düstere Kommunikationsarbeit, die dafür sorgte, dass etwas hängen blieb. Aus diesen Äußerungen spricht der Propagandachef seiner Partei, der Hitler anfangs war – kühl ein weiteres Instrument betrachtend hinsichtlich dessen

Vorteilen für seine Sache. Ja, mehr noch: Geschichte und Gegenwart, jede Begebenheit war nur formbare Knetmasse, wenn man die Macht und Kaltschnäuzigkeit hatte, sie neu zu erfinden. Hannah Arendt beschrieb die Idee, »Lügen, wenn sie nur groß und kühn genug sind, als unbezweifelbare Tatsachen zu etablieren« als ungeheuer verführerisch für die Nazis.[18]

Die Geschichte zeigt, wie sich die Geschichte wiederholt. Die propagandistische Lügenlogik der Nazis wurde Mitte der 1930er Jahre vom bereits zitierten Siegfried Kracauer dekodiert:

> »Ihre Mission ist es, eine Oszillation von Lüge und Wahrheit zu erzeugen, die deren Unterscheidung verwehrt, um so die Empfänger der Propaganda in dieselbe Verwirrung zu bringen, der die Besucher eines Spiegelkabinetts ausgesetzt sind. Das Schwindelgefühl, das die Massen befällt, zwingt diese dazu, die Augen zu schließen und die Frage der Richtigkeit irgendeiner propagandistischen These zurückzustellen.«[19]

Die Logik der propagandistischen Lüge ist also seit langem bekannt. Die ganze Welt hat ihre monströsen Auswirkungen vom NS-Regime in nie dagewesener Form aufgezeigt bekommen. Die Lebensumstände haben sich verändert, Bildung und Wissen sind gewachsen, die westliche Demokratie war sehr erfolgreich. Und trotz allem ist die propagandistische Lüge noch immer wirkungsvoll. Noch bemerkenswerter ist, wie hilflos demokratische Parteien jüngst mit ihrer Konkurrenz umgegangen sind und noch umgehen und wie überfordert die veröffentlichte Meinung war und ist, hier auf breiter Front Licht ins Dunkel der Gegenwart zu bringen.

Halten wir fest: Die Oszillation von Lüge und Wahrheit dient dazu, Menschen zu verwirren. Diese Verwirrung soll sie dazu bringen, gar nicht mehr nach Lüge und Wahrheit zu unterscheiden. Sie sollen diese Ebene verlassen und Politik allein auf der Ebene des Glaubens und Fühlens wahrnehmen – auf der Ebene, die im absoluten Fokus jeder Propagandapartei steht, auf die sie ihre Energie und ihre Kräfte ausrichtet, auf die sie spezialisiert ist. Das heißt: Durch Lügen werden die Wähler:innen psychologisch auf das Spielfeld der Propagandist:innen gedrängt.

Allerdings, und dieser Gedanke führt zum nächsten Kapitel, hat es mit den Lügen der Propagandaparteien noch viel mehr auf sich. Sie sind nur der Anfangspunkt eines komplexeren Erzählmusters. Das macht sie kommunikativ noch vielseitiger und potenziert ihre manipulativen Möglichkeiten.

Kapitel 6

Lüge und Wahrheit – und eine letzte Wendung im Verwirrspiel

Der Propagandist wird, gerade bei den wirkmächtigsten Themen, die Lüge nicht einfach als Lüge stehenlassen. Er wird sie wiederholen, aber sie darf nicht statisch werden, lahm, altbekannt, ohne jeden Nachrichtenwert. Also arbeitet er mit ihr weiter. Vor allem bemüht er sich dabei um eines: Er will die Lüge *wahr* machen. Dafür tut er schlichtweg so, als sei die Lüge wahr, als erfordere sie schnelles Handeln. Und dann handelt er. Er baut auf das erlogene Fundament reale Aktionen. Auf Fiktion wird Realität gehäuft. Würde die Partei sich denn diesen Aufwand aufbürden, wenn alles nicht einen wahren Ursprung hätte?

Die Lüge wahr machen. Der Propagandakrieger intensiviert damit die »Oszillation von Lüge und Wahrheit«, intensiviert das Verwirrspiel und dynamisiert seine Lügen-Story. Sie geht weiter. Sie bekommt neue Zutaten, bleibt erzählbar, produziert News, über die die Lüge wiedererzählt wird und aus journalistischer Sicht erzählt werden muss, um die Vorgeschichte zu verstehen. Dadurch bleibt sie in der medialen Aufmerksamkeit. Einmal mehr nutzt eine Propagandastrategie gnadenlos Medienmechanismen aus und spannt die Presse, ob sie will oder nicht, vor ihren Karren. Durch das aktive Befeuern der Lügengeschichte behält der Propagandist die Hoheit über das Framing der Story bzw. hält er den Rahmen aufrecht, indem er ihn inhaltlich besetzt und besiedelt.

Beispiele finden sich zuhauf. So endete es in Polen nicht mit der im vorigen Kapitel beschriebenen Verschwörungsbehauptung zu Smolensk. Der offizielle Untersuchungsbericht zum Absturz der Präsidentenmaschine wurde nach dem Wahlsieg der PiS von der Webseite der Regierung genommen. Eine neue Untersuchungskommission wurde eingesetzt, wobei die Qualifikation ihrer Mitglieder für die Ermittlung von Ursachen eines Flugzeugabsturzes zweifelhaft ist. Luftfahrtexpert:innen, die gegenüber der ersten Untersuchungskommission ihre Expertise abgegeben hatten, wurden verhört, ihre Privatwohnungen durchsucht und ihre Computer beschlagnahmt. In Geheimdienstkreisen wurde nachgefragt, ob es Erkenntnisse zu Smolensk gebe. Die Kommission habe jedoch nie eine alternative Erklärung gefunden, die glaubwürdig sei, berichtet die in Polen lebende Historikerin und Journalistin Anne Applebaum.[1] Die PiS-Partei hatte erhebliche Anstrengungen unternommen und mehrere sehr sichtbare Aktivitäten durchgeführt. Sie baute ihre kommunikative Dominanz aus. Vor allem, darauf weist Applebaum hin, hatte die PiS-Partei mit der Smolensk-Lüge einen Gradmesser für Loyalität geschaffen. Wer an Smolensk *glaubte*, war ein guter Patriot, gehörte dazu, konnte Posten bekommen, Unterstützung.

In Ungarn hat Viktor Orbáns Fidesz-Partei ein zentrales Hirngespinst aufgebaut. Im Mittelpunkt steht George Soros. Der betagte Börsenmilliardär – aus Ungarn stammend, jüdisch, in den USA lebend – soll, so Orbáns Verschwörungsbehauptung, Zuwanderung im großen Stil befürworten. An seinen Universitäten lasse er eine Elite züchten, die die Nation untergraben solle. Letztlich sei dies der Mann, der die ungarische Identität vernichten wolle, zusammen mit der Europäischen Union, mit Geld und Einfluss, vorbei am Wählerwillen. Einer, der die vermeintlichen Marionetten in Brüssel tanzen lasse. Stichwort Umvolkung. Die ganze Lügengeschichte wurzelt hemmungslos offensichtlich in antisemitischen Verschwörungsbehauptungen sowie in anti-elitären und anti-europäischen Ressentiments.

Ein Kampagnenberater von Orbán hat 2018 öffentlich bekannt, zu dem Team gehört zu haben, das Soros bewusst als Staatsfeind Nummer 1 aufbaute. Ein Feindbild zu entwickeln sei Teil der Strategie des Beratungsteams gewesen, um Kampagnen erfolgreich zu machen. Es sei gezielt ein Gegner gesucht worden, den Orbán im Namen des ungarischen Volkes zu bezwingen habe. Da die Opposition zu schwach gewesen sei, sei man auf Soros gekommen.[2]

Die *Wirtschaftswoche* wies darauf hin, dass Soros weder in Ungarn noch in der EU realen Einfluss auf die Zuwanderungspolitik hat. Er hat auch nie für ein Amt kandidiert.[3] Soros äußert sich lediglich zu politischen Fragestellungen und vertritt seine Meinung. Mit anderen Worten: Der politische Gegner, die Konkurrenz für Orbán, musste schwer konstruiert und erfunden werden. Die Lüge war geboren.

Und auch diese Lüge hatte wahr zu werden. Dafür denunzierte Fidesz die Zivilgesellschaft und Nichtregierungsorganisationen als Handlanger fremder Mächte und legte ihnen Daumenschrauben an. In den 1990er wie auch in den 2000er Jahren hatte Soros' Stiftung Open Society in Ungarn hohes Ansehen genossen. Im Rahmen der Dämonisierung von Soros verließ sie Ungarn jedoch; auch aus Russland wurde sie im Übrigen verdrängt. Darüber hinaus nahm Orbán die Central European University als angebliche Brutstätte anti-ungarischer Umtriebe ins Visier. Auch sie wurde aus dem Land vertrieben. Auf die Geschichte des erfundenen Staatsfeindes sattelte Fidesz also reale Handlungen auf, die sie propagandistisch ausschlachtete. Der Orbán-Berater erklärte in einem Interview: »Der perfekte Gegner ist einer, den du wieder und wieder schlägst, und der nie zurück schlägt.«[4] Das »Produkt« Soros habe sich von allein vermarktet.

Also baute Orbán seinen vermeintlich epischen Kampf gegen Soros noch weiter aus, schuf neue Tatsachen, neue News, neue Realitäten, die den Frame der Lüge weiter ausschmückten. Mit dem »Stop-Soros«-Gesetz kriminalisierte Ungarn Flüchtlingshelfer:innen, die Migrant:innen beim Stellen von Asylanträgen unterstützen. Aus einer Reihe von öffentlichen Aussagen von Soros bauten die Propagandist:innen später sogar die Behauptung, es gebe einen »Soros-Plan«. Grob zusammengefasst solle es laut diesem Plan mehr Zuwanderung geben, die Nationen Europas zur Aufnahme der Migrant:innen gezwungen und gar bestraft werden, wenn sie zuwiderhandelten. Zwar erklärte der ungarische EU-Kommissar Tibor Navracsics, selbst Mitglied von Orbáns Fidesz, es gebe keine Anhaltspunkte für einen »Soros-Plan«.[5] Aber die Propagandamaschine lief auf vollen Touren. In einer »Nationalen Konsultation« forderte Orbán 2017 seine Landsleute schließlich dazu auf, zum – nicht-existenten – »Soros-Plan« Stellung zu beziehen. Millionen von Menschen mussten sich gezwungenermaßen mit der von Orbán erfundenen Lüge auseinandersetzen. Der Diskurs des Theaters in übler Reinform.

Wie bei der Smolensk-Lüge wird die Lüge vom Staatsfeind durch großen Aufwand und aktives Handeln wahr gemacht und die Betrachtung von George Soros – Freund oder Feind? – als Grundfrage der Staatsräson installiert.

Lügen zu dynamisieren ist der praktische Teil der Strategie, Lügen wahr zu machen. Denn Lügen erreichen dabei eine beachtliche Langlebigkeit. Die Geschichte vom erfundenen Staatsfeind wird in Ungarn seit 2012 betrieben und ist propagandistisch nicht auserzählt. Die Behauptung, Obama sei nicht in den USA geboren und sei deshalb unrechtmäßig Präsident, hielt sich mindestens drei Jahre in der öffentlichen Diskussion, trotz aller Gegenbeweise, die Obama nach und nach vorlegte. Eine billige Lüge, bei der jede Erwiderung mit einer Flut an Zweifeln überzogen wurde. In Kreisen der Trump-Republikaner:innen werden diese Lügen bis heute als »Wahrheit« angesehen (und inzwischen werden sie auch über die amtierende Vize-Präsidentin Kamala Harris verbreitet).

In Deutschland hat zum Beispiel die Lüge um eine angebliche Meinungsdiktatur eine große Langlebigkeit. Sie wird durch das ausdauernde Umdeuten im entsprechenden Meta Frame erzeugt. Gibt man zum Beispiel auf Twitter dieses AfD-Buzzwort ein, lassen sich frische Treffer finden, die irgendeine aktuelle Begebenheit als angeblichen Beleg heranführen. Ein kritisches Interview mit einer Querdenkerin? *Wie der Moderator vom ZDF wieder gefragt hat. Der ist gesteuert. Die betreiben media-*

le Gehirnwäsche. Meinungsdiktatur. Und warum Meinungsdiktatur? Um, so ist im Sommer 2022 auf Twitter zu lesen, »Bundesbürger in den politisch-kulturellen und finanziellen Abgesang zu schicken«.

Das Beispiel von der Meinungsdiktatur zeigt, wie außerordentlich wichtig Verschwörungsbehauptungen für Propagandaparteien sind. Ein kompletter Deutungsrahmen wird damit vorbereitet oder liegt bereit. In solche Meta Frames werden aktuelle Einzelereignisse eingelesen und neu kontextualisiert. Diese Kontextualität ist der vermeintliche Beleg: Ich weiß, dass das passiert, weil etwas Größeres dahintersteckt. So kann eine Lüge auch »wahr« gemacht werden.

Die Propagandastrategie, eine Lüge durch Ausbau zu dynamisieren und sie wahr zu machen, findet sich ebenfalls bei den Nazis – und zwar in der grausamsten, menschenfeindlichsten Ausprägung. Wie nur allzu gut bekannt, bauten sie ein reales Imperium des Hasses und der Unmenschlichkeit auf die fiktive Behauptung, es gebe eine jüdische Weltverschwörung. Eine aufwändige Bürokratie wurde errichtet, um Ahnen auf jüdisches Blut zu untersuchen. Die Nazis stellten eine Pseudo-Wissenschaftlichkeit her, u.a. indem sie 1933 das »Münchner Institut zur Erforschung der Judenfrage« gründeten. Jede Aktion ein neuer Kommunikationsanlass im Frame der angeblichen jüdischen Weltverschwörung. Rassenlehre, Rassenausschüsse, Ehegesetze, die Durchdringung des Schulunterrichts mit Rasseinhalten, die Ächtung von Jüd:innen im öffentlichen Raum, Pogrome, Übergriffe, Rassegesellschaft, Massenmord, Holocaust.[6]

Der enthemmte Rassenwahn der Nazis, der den NS-

Staat beherrschte, sollte allen eine Warnung sein, die Propaganda heute für ein bisschen schwarze PR und Marketing-Voodoo von ein paar nebulösen, überbezahlten Spindoktor:innen, Politberatungen und Trollfürst:innen halten, die Machtbesessenen ihr Hexenwerk einflüstern. Für etwas Schmutziges, das die russische Propaganda auch schon einmal aufreizend plump macht, andere geschickter – Methoden und Tricks, die halt zur Politik dazugehören; für etwas Medien-Schnickschnack und Verschwörungsgeraune, auf das nur Dummköpfe reinfallen. Nichts ist für liberale Demokratien westlichen Typs gefährlicher, als die Propagandaparteien der Gegenwart zu unterschätzen und sich erleichtert abzuwenden, wenn der Spuk durch eine Wahl oder Abwahl – vermeintlich – vorbei ist.

Propaganda zählt allerdings noch ein weiteres Mittel zum Instrumentarium der Konfusion: die Wahrheit. Hitler und Goebbels wurden in ihrer Führungsriege dafür gefeiert, wenn sie Kriege, Kriegsverbrechen und die Endlösung der Judenfrage in ihren Reden ankündigten, was die breite Öffentlichkeit als haltlose Provokation ansah. Hannah Arendt fasste dies folgendermaßen zusammen:

> »Die Umwelt bezichtigt sie gerade dann der Demagogie, wenn sie offen sagen, was sie meinen. Natürlich haben Bolschewisten wie Nazis diese Unfähigkeit der nichttotalitären Welt, ihnen zu glauben, vielfältig ausgenutzt.«[7]

Diese Unfähigkeit der nichttotalitären Welt haben wir, um nur ein prominentes »Musterbeispiel« aus der jüngeren Gegenwart zu nennen, eins zu eins bei Trumps Mauerpropaganda erlebt. Seine Ankündigung, eine Mauer an der Grenze zu Mexiko bauen zu wollen, löste anfangs bei vielen Unglauben, aber auch Erheiterung aus. In den liberalen Kreisen der USA wurde der Vorstoß als maßlose Provokation wahrgenommen, nicht als realistische politische Option im Kampf gegen illegale Zuwanderung. Trumps Anhänger:innen verstanden diese Botschaft anders – und besser. Für den propagandistischen Giftmix ist entscheidend, dass diese »ehrlichen« Momente der Anführer:innen die Menschen bei jeder weiteren Aussage grübeln lassen, wie denn nun der neuste Spruch, der neuste Vorstoß, die neuste Beleidigung zu verstehen ist. Sie müssen in Betracht ziehen, dass die Aussage wahr sein könnte. Kommunikationsstrategisch maximiert dies die Verunsicherung durch das wohldosierte Zusammenspiel von Lüge und Wahrheit, durch eine letzte Drehung an der Schraube des Verwirrspiels, das das Realitätsbewusstsein der Einzelnen zerstören soll. Kann sein, kann auch nicht sein. Wie war das jetzt gemeint? Und habe ich das vielleicht die ganze Zeit falsch betrachtet? Liegt der Fehler bei mir? Mittlerweile hat für dieses Phänomen der Begriff *Gaslighting* Einzug in die Propagandadebatte gehalten. Ursprünglich war er in der Wissenschaft auf psychische Gewalt in zwischenmenschlichen Beziehungen gemünzt. Wer gaslightet, stellt die Realität, Fakten und Wahrnehmung des Opfers wieder und wieder in Abrede oder hinterfragt sie ohne Unterlass, bis die Selbstzweifel des Opfers so groß werden, dass sie nicht mehr verschwinden und sein Realitätssinn dauerhaft aus den Fugen geraten ist. Und genau das versucht Propaganda mit dem Verwirrspiel um Lüge und Wahrheit zu erreichen.

Das Verwirrspiel bringt nicht nur die Bevölkerung, sondern auch die Medien dazu, über Wahrheit und Lüge zu rätseln – und so füllte ein einziger Tweet Trumps ganze Sendestrecken der US-amerikanischen Nachrichtenkanäle, wieder und wieder. Die Propagandapartei versucht unaufhörlich, Meinungschaos zu stiften. Denn im Chaos dringt die feste Stimme ihres Anführers samt klarer und einfacher Lösungen im großen Rahmen (von Meta Frames) besonders gut durch und wirkt auf die Menschen anziehend, da sie aus der Ungewissheit und Orientierungslosigkeit befreit werden wollen. Das Wirrwarr sorgt dafür, dass die Frage nach Lüge oder Wahrheit in vielen Köpfen der Massen irrelevant wird.

Propagandaparteien verwandeln Sachfragen in emotional aufgeladene Glaubensfragen. Sie ziehen politische Konkurrenz und Beobachter:innen auf ihr Spielfeld, wo sie besonders kompetent und wesentlich planvoller als die Konkurrenz sind. Und durch den unablässigen Propagandastrom haben sie die Menschen längst auf dieses Spielfeld vorbereitet. Im großen Rahmen haben sie Inhalte und Zusammenhänge vorgeprägt (*Priming*), sodass Anhänger:innen alle weiteren Informationen möglichst durch die Propagandabrille sehen, deuten und einordnen. Auf diesem Spielfeld aggressiv zu agieren, davon versprechen sich die Propagandaparteien den meisten Nutzen auf dem Weg zur Macht um der Macht willen.

Kapitel 7
Dauerangriff: Die Schlacht um Normen, Fakten und Weltdeutung

Wie die bisherigen Kapitel gezeigt haben, nutzt Propaganda verschiedene kommunikative Werkzeuge, um die eigene Botschaft möglichst intensiv und wirkungsvoll verbreiten zu können: Der Bruch von Kommunikationsnormen dient dazu, die politische Idee der Propagandapartei zu untermauern und Glaubwürdigkeit zu generieren, Verschwörungsbehauptungen machen als große Deutungsrahmen diese Idee erzählbar und vermeintlich beweisbar, durch die Lüge wie das Verwirrspiel um Lüge und Wahrheit drängt die Propaganda Wähler:innen auf ihr liebstes Spielfeld, in die Welt des Glaubens, wo viele Menschen besonders verführbar werden. Doch dies geschieht nicht frei von Hürden und demokratischen Gegenkräften, mit denen eine Propagandapartei umzugehen hat.

In den Augen von Propagandist:innen können demokratische Institutionen nicht neutral, redlich, seriös oder gar unabhängig sein. Denn sie sind Teil des bestehenden Systems – und eine Partei, die sich außerhalb dessen positioniert, behandelt Teile des Systems wie das System insgesamt: als Feinde. Zu den Institutionen im Visier der

Propagandakrieger:innen gehören neben der Regierung vor allem das Parlament, Gerichte, (öffentlich-rechtliche) Medien und die Wissenschaft, die das Sein evidenz- bzw. forschungsbasiert erschließt.

Es verwundert kaum, dass auch hier historische Linien erkennbar sind. So erfand Goebbels die Mär von einer jüdischen »Lügenpresse« und er berichtet, wie die Nazis gegen sie vorgegangen seien: »Sie lügen! Sie lügen! Mit diesem Schlachtruf sind wir der jüdischen Schmutzkanonade entgegengetreten.«[1] Dieser Schlachtruf scheint in der Gegenwart widerzuhallen, wenn man allein an die erste Pressekonferenz von Trump als Präsident der Vereinigten Staaten im Januar 2017 zurückdenkt, als er einem anwesenden CNN-Reporter den berühmt-berüchtigten Ausspruch »You are fake news!« an den Kopf warf.

Goebbels positionierte die Presse zusätzlich mithilfe eines lupenreinen Spiegelreflexes als Gegenpol zum Volkswillen, sie sei »zum Fluch des Volkes geworden«.[2] Trump nannte die *New York Times* und CNN wiederholt »Feinde des amerikanischen Volkes«.[3] Propagandapolitiker:innen auf der ganzen Welt griffen diese Wortwahl, diesen übergroßen Deutungsrahmen auf und attackierten die Medien, insbesondere die öffentlich-rechtlichen.

Wie Hitler machte sich Goebbels außerdem ausgiebig lustig über Wissenschaftler:innen und Intellektuelle. Heute sind Klimaforscher:innen oder Gesundheitsexpert:innen ebenso Zielscheibe einer propagandistisch befeuerten Melange von Trollen, Verschwörungsgläubigen und Wutbürger:innen. Ähnlich erging und ergeht es Richter:innen: Als ein Gericht mit einem Urteil den Brexit erschwerte, titelte das Boulevardblatt *Daily Mail* in England: »Volksfeinde«.[4]

Das Parlament nannte Goebbels Ende der 1920er Jahre »einen stinkenden Misthaufen«[5], der gesäubert gehöre. Er ließ keinen Zweifel daran, durch wen: »Wir kommen als Feinde! Wie der Wolf in die Schafherde einbricht, so kommen wir.«[6] Die Nazis gingen in den Reichstag, um sich »im Waffenarsenal der Demokratie mit deren eigenen Waffen zu versorgen«:

»Wir werden Reichstagsabgeordnete, um die Weimarer Gesinnung mit ihrer eigenen Unterstützung lahmzulegen. Wenn die Demokratie so dumm ist, uns für diesen Bärendienst Freifahrkarten und Diäten zu geben, so ist das ihre eigene Sache.«[7]

Das Parlament als Heimstätte des Pluralismus ist Propagandist:innen und ihren Vorfeldorganisationen ein besonders bekämpfenswertes Symbol der angeblich gegen Volksinteressen handelnden liberalen Demokratie. Hier fügt sich der Sturm auf den Berliner Reichstag im August 2020 ebenso ein wie die Erstürmung des Kapitols, zu der der noch amtierende Präsident Trump seine Anhänger:innen Anfang 2021 in einer Rede animierte. Später twitterte Trump: »Ich teile euren Schmerz, ich weiß, dass ihr leidet. Wir hatten eine Wahl, die uns gestohlen wurde. Es war ein Erdrutschsieg und jeder weiß das.«[8] Fünf Menschen starben bei der Erstürmung des Kapitols. Erst Auge in Auge mit einem Umsturzversuch und den Vorwehen eines Bürgerkriegs schalteten soziale Medien Trumps Kanäle ab.

In der öffentlichen Debatte liegt großes Augenmerk auf dem strukturellen Schwergewicht der Institutionen. Mit den Institutionen greift die Propaganda das organisatorische Rückgrat der Demokratie an, wie die Beispiele anschaulich machen. Doch lohnt es sich für das kommunikative Verständnis, den Blick zusätzlich auf einen anderen Aspekt zu richten. Die strukturelle Funktion der Institutionen ist das eine, das tatsächliche Handeln ihrer Vertreter:innen, das reale Ausfüllen ihrer Rolle, das andere. Parlamentarier und Richterinnen geben Normen vor. Journalisten und Wissenschaftlerinnen sammeln Fakten und deuten unsere Welt.

Normmacher:innen, Faktensammler:innen, Weltdeuter:innen – in der propagandistischen Ideologie müssen sie per se bekämpft werden. Dafür gibt es eine Reihe von Gründen:

- Es sind insbesondere die Gruppierungen der Normmacher:innen, Faktensammler:innen und Weltdeuter:innen, die die Lügengebäude der Propaganda immer wieder zum Einsturz bringen und die Bedeutung ihrer Winkelzüge aufklären.
- Sieht das Wahlvolk entsprechende Personen und Quellen als legitim an, wird es wesentlich weniger empfänglich für propagandistische Botschaften sein.
- Bestimmen Normmacher:innen, Faktensammler:innen und Weltdeuter:innen, gesellschaftlich anerkannt, die wesentlichen Spielfelder der Debatte durch informationelle Grundversorgung, schränkt das die Wirkungskreise der Propaganda empfindlich ein.
- Propagandaparteien wollen den Themen und Thesen ihrer selbst gewählten Feinde nicht hinterherlaufen, weil sie sonst ihre grundlegende Idee, außerhalb des Spektrums zu agieren, nicht in die Tat umsetzen und den Diskurs nicht bestimmen können.

Angesichts dieser Szenarien verbietet sich jeder Propaganda Passivität. Zum aktiven Vorgehen gehört maßgeblich der persönliche Angriff, der aggressiv vorgetragen wird. Gegen Normmacher:innen, Faktensammler:innen und Weltdeuter:innen ist jedes Mittel recht, das diese diskreditiert. Dazu gehören systematische digitale Hetzjagden gegen kritische Journalist:innen, die Jahre andauern können.[9] Wissenschaftler:innen sehen sich mit Cybermobbing, Gewaltfantasien und Hass konfrontiert, zum Beispiel der deutsche Virologe Christian Drosten, um ein prominentes Beispiel aus der jüngsten Zeit zu nennen. Wer seine Stimme erhebt, betritt die Arena. Wer nicht von sich gibt, was den Propagandakrieger:innen passt, wird zur Zielscheibe gemacht, mit der klaren Absicht, diese Personen einzuschüchtern und zum Schweigen zu bringen (*Silencing*). Die Propagandakrieger:innen befördern ideell Gewalt, Cybermobbing und heißen selbst politische Morde gut. Diverse Persönlichkeiten des öffentlichen Diskurses stehen angesichts dieser Gefährdungslage zumindest zeitweise unter Polizeischutz.

Wir sind rein. Die anderen sind böse. Niemand von denen tut etwas ohne Hintersinn. Jeder ist potenziell Teil eines geheimen Systems. Die Propaganda brüllt dieses paranoide Menschenbild tagtäglich hinaus, das jedwede Komplexität als nicht-existent ausblendet, genauso wie die meist funktionierende Kontrolle des Systems, unterschiedliche politische Interessen, rivalisierende persönliche Ambitionen oder das Eintreten von Zufällen und unwahrscheinlichen Ereignissen. Es gibt in diesem Weltbild außerhalb der eigenen Reihen keine seriösen Politiker:innen, keine aufrichtigen Journalist:innen, keine unbeeinflussbaren Richter:innen, keine redlichen

Wissenschaftler:innen. Es gibt nur *wir* und *die*. Es gibt keine Individualität, kein kritisches Denken, keinen Widerspruch innerhalb des demokratischen Systems. Es ist dieses düstere und destruktive Menschenbild, dem viele Anhänger:innen von Propagandaparteien folgen.

Sollte den Normmacher:innen, Faktensammler:innen und Weltdeuter:innen einmal eine tatsächliche Verfehlung unterlaufen, ist dies ein gefundenes Fressen für die Propaganda, denn damit sie gelingen kann, muss die Empörung oben gehalten und die Wut gefüttert werden. Je leichter sich die Verfehlung in die eigenen Deutungsrahmen und Narrative einweben lässt, umso besser. Ein Fehler in der *Tagesschau*, ein Wissenschaftler, der einen Fakt falsch zitiert – schon ist »bewiesen«, dass die »Lügenpresse« absichtlich täuscht, dass das Parlament lächerlich ist, dass die Gerichte gegen den Volkswillen urteilen.

Um den Normmacher:innen, Faktensammler:innen und Weltdeuter:innen zuvorzukommen, ist es für Propagandakrieger:innen enorm wichtig, die Geschwindigkeit ihrer Kommunikation sehr hoch zu halten, die Atemlosigkeit der polarisierten Gesellschaft zu produzieren. Politische Prozesse, wissenschaftlich fundierte Forschung, saubere investigative Recherche – all das braucht Zeit. Im Netz befördert Propaganda hingegen Meinungsbildung in Echtzeit, indem sie Themen durch die großen Deutungsrahmen, die Meta Frames, minimal plausibel und maximal fühlbar macht.

Wenn es ihnen möglich ist, nutzen Propagandapolitiker:innen dafür Staatsmedien wie Putin in Russland, Erdoğan in der Türkei oder Orbán in Ungarn. Andere nutzen eigene oder »alternative« Medien. Doch noch viel bedeutsamer sind und bleiben die unabhängigen Medien, denn bei ihnen lässt sich Reibung erzeugen. Propagandist:innen arbeiten intensiv mit der Reaktion ihrer Feinde, um den erzeugten Konflikt zu verstärken und zu verlängern. Zur Perfektion hatte dies die Rechtsaußen-Plattform *Breitbart News* zu Steve Bannons Zeiten gebracht. Der Journalist Michael Wolff macht einen dementsprechenden Paradigmenwechsel in der Politik der heutigen Zeit aus: »In der neuen Politik ging es nicht um die Kunst des Kompromisses, sondern um die Kunst des Konflikts.«[10]

Durch Konfrontation und Provokation aktivieren Propagandist:innen Medienmechanismen, da sie bewusst emotionale Nachrichtenwerte wie Sensation, Überraschung, Negativität oder Personalisierung anspielen. Solche Nachrichtenwerte beeinflussen stark, ob eine Meldung in den Medien aufgenommen wird. Sachlichere Faktoren, die eigentlich ebenfalls den Nachrichtenwert einer Meldung bestimmen können, spielen bestenfalls eine untergeordnete Rolle.

Eine äußerst einfache wie effektive Propagandamethode ist die der *öffentlichen Zwickmühle*. Wird ein Propagandapolitiker in eine Talkshow eingeladen, beschwert er sich darüber, wie unfair er dort behandelt worden sei. Wird er jedoch nicht eingeladen, soll er totgeschwiegen werden. Beides wird der Propagandapolitiker in die Öffentlichkeit tragen und damit die Medien zwingen, den Gesprächsstoff aufzugreifen, da sie nur so sinnvoll darüber berichten können. Das Katz-und-Maus-Spiel funktioniert auch für Verschwörungsbehauptungen. Kritisieren Journalist:innen entsprechende Behauptungen als falsch oder erfunden, handeln sie laut Propaganda gegen den Volkswillen. Sie werden mit einer Fülle von Anfeindungen sowie vermeintlichen Beweisen konfrontiert und so gezwungen zu schweigen oder das Thema auf dem Spielfeld der Propagandakrieger:innen fortzusetzen. Greifen sie Verschwörungsbehauptungen nicht auf, belegt dies in der Propagandalogik, dass die Journalist:innen mit den bösen Mächten unter einer Decke steckten. Die Beispiele zeigen, dass sich solche Zwickmühlen mit geringem Aufwand schier endlos bauen lassen.

Alles zielt auf Effekt ab. Auf Diskreditierung und Difamierung der Normmacher:innen, Faktensammler:innen und Weltdeuter:innen. Die Inhalte sind hochgradig austauschbar. Inhalte, die verfangen, spielt die Propaganda häufiger und baut sie aus. Die, die es nicht tun, tauscht sie aus. Inhalte sind nichts als Munition. Hannah Arendt stellte schon für den NS-Staat eine solche »Entleerung aller Inhalte«[11] fest. Diese Leere und Beliebigkeit, aber auch ihre flexible Befüllbarkeit scheint eine Konstante von Propagandaparteien zu sein. Alles dient dem Hauptziel, Wählermassen emotional zu erreichen und gefügig zu machen. Der Köder muss dem Fisch schmecken, nicht dem Angler.

Kapitel 8
Massenverhalten auf Social Media

Für Propagandist:innen spielen ihre mediale Präsenz und Wirksamkeit eine einzigartige Rolle. Präsident Trump schien von seiner medialen Wahrnehmung schier besessen. Es wurde vielfach berichtet, dass er oft stundenlang die Berichterstattung über sich im Fernsehen verfolgte. Zufrieden konnte er damit wohl nicht immer sein. Umso wichtiger war für ihn die Möglichkeit, seine Anhängerschaft direkt zu erreichen. Im Jahr 2020 setzte er – als amtierender Präsident – 12 239 Tweets ab, also 36 Tweets und Retweets pro Tag. Das bedeutete einen persönlichen Twitter-Rekord. Im Jahr 2019 hatte er es »nur« auf 7800 Tweets gebracht, was durchschnittlich 21 Tweets und Retweets pro Tag entspricht.[1] Er richtete sich an ein beachtliches Publikum. Anfang 2020 hatte er mit 67 Millionen Follower:innen auf Twitter mehr als Angela Merkel, Boris Johnson, Emmanuel Macron und der Papst zusammen.[2]

In Frankreich galt Marine Le Pen lange als »Social-Media-Queen«.[3] Die FPÖ hat große Energie in ein eigenes Medienangebot investiert. So ist FPÖ-TV zum Beispiel das Vorbild von AfD-TV. Ehemalige FPÖ-Funktionäre betreiben zudem die Webseite *unzensuriert.at*.

In Deutschland ist die AfD seit Jahren mit Abstand an

der Spitze der meisten Rankings zur Parteienaktivität auf Social Media. Besonders stark ist sie auf Facebook. Im Bundestagswahlkampf 2021 wurden die Videos von Alice Weidel auf Social Media binnen zweieinhalb Monaten insgesamt 4,9 Millionen Mal abgerufen. Alle anderen Spitzenkandidat:innen erreichten nur einen Bruchteil davon. Unions-Kanzlerkandidat Armin Laschet kam auf 320 000 Abrufe. Weidel war auch die klare Nummer 1 in der Interaktion, beim Teilen und Kommentieren von Beiträgen.[4] Das kommt nicht von ungefähr. Die AfD steckt große Ressourcen in Social Media und Kommunikation und ließ sich von Harris Media beraten, der Social-Media-Agentur, die zuvor mit Trump gearbeitet hatte. Die AfD betrachtet jede und jeden in ihren Reihen als »Social-Media-Soldaten« im Informationskrieg, wie es ein AfD-Politiker formulierte.[5]

Die Gründe für diese Fokussierung auf Social Media sind in der Öffentlichkeit bereits ausführlich besprochen worden. Argumente für diese Fokussierung sind etwa direkte Kommunikation mit dem Wahlvolk und persönliche Bindung, Schaffung eigener medialer Räume, Umgehen klassischer Medien, volle Kontrolle über die ausgesandte Botschaft, das Setzen der eigenen Themen und *Agenda Surfing*, also das Aufspringen auf im Netz virale Themen zur eigenen Positionierung und Anwerbung von Gefolgsleuten.

Insofern sei hier das Augenmerk auf einen anderen, sehr wirkmächtigen Punkt gelegt: In den sozialen Medien wirken massenpsychologische Effekte. Dies ist eine wichtige Ursache für die seit Jahren beklagte Hassrede im Netz. Daher werden genau diese Effekte von Propagandaparteien und ihren Sympathisant:innen im Netz befeuert und betrieben. Die Forschung zur Massenpsychologie hat ihren Ursprung am Ende des 19. Jahrhunderts. 1895 veröffentlichte der Arzt und Ethnologe Gustave Le Bon sein Buch *Psychologie der Massen* und wird seither als Begründer der modernen Massenpsychologie betrachtet. Sein Werk wird bis heute zitiert. Untersuchungsgegenstand war die französische Politik seit der Revolution 1789. Die Nazis waren stark beeinflusst von Le Bon und zeitgenössischen Schriften, die auf seine Massenpsychologie rekurrierten. Und auch heute noch müssen wir seine Erkenntnisse berücksichtigen, wenn wir über moderne Propagandastrategien sprechen.

Nach Le Bon kann aus einer Versammlung von Menschen unter bestimmten Umständen eine organisierte Masse werden, deren Gefühle und Gedanken in dieselbe Richtung streben. Es bildet sich eine Gemeinschaftsseele heraus, ein einziges unbestimmtes Wesen. Die Masse könne ganz unterschiedliche Menschen einen, unabhängig von ihrer Lebensweise, ihren Jobs, ihrem Charakter oder ihrer Intelligenz.[6]

Le Bon ist der Auffassung, in der Masse passiere geistige Übertragung. Jedes Gefühl und jede Handlung sei beeinflussbar und übertragbar, so sehr, »dass der einzelne sehr leicht seine persönlichen Wünsche den Gesamtwünschen opfert«.[7] Er sei nicht mehr er selbst, beinahe hypnotisiert. Für den Einzelnen schwinde in der Masse der Begriff des Unmöglichen.

Vor diesem Hintergrund sind die Großveranstaltungen der Nazis zu sehen. Masse musste physisch zusammenkommen, damit geistige Übertragung möglich wurde und die Menschen sich am Führer ausrichten konnten. Alle

Propaganda ziele auf die Eroberung der Masse, schrieb Goebbels. Die groß inszenierten Aufmärsche waren das zentrale Instrument der NS-Propaganda, um Massenverhalten zu produzieren. Die zahlreichen, teils Millionen Menschen umfassenden Veranstaltungen der Nazis in ihrer absurden Opulenz und übersteuerten Bildhaftigkeit haben sich ins kollektive Gedächtnis eingebrannt.

Solche Aufmärsche sind – abgesehen von wesentlich kleineren Demonstrationen – praktisch verschwunden. »Wir sind viele«, ist der häufig auf Social Media zu lesende Verweis auf Masse. Irgendetwas zwischen Schlachtaufruf, Selbstbeschwörung und Einschüchterungsversuch Andersdenkender. In *Alles Propaganda!* wird folgende These vertreten: Heutzutage haben soziale Medien den Sinn und Zweck der Massenveranstaltungen übernommen. Der Fall von Renate Künast zeigt dies sehr eindrücklich. Die Grünen-Politikerin wurde im Netz Zielscheibe grober Beleidigungen und Verleumdungen. Als Reaktion darauf suchte sie einige der Menschen zu Hause auf, die sie im Netz aufs Übelste beschimpft hatten. Sie wurde mit Überraschung und Höflichkeit begrüßt und konnte recht vernünftig mit den Leuten reden. Offensichtlich hatte sich im Netz ein kollektives Massenverhalten ihr gegenüber herausgebildet, das sich außerhalb von Social Media auflöste. Die Personen gingen, individuell konfrontiert, ganz anders mit Künast um.

Die sozialen Medien bieten der heutigen Propaganda viel bessere und weitreichendere Möglichkeiten als einfache Massenveranstaltungen. Sie stehen sieben Tage die Woche zur Verfügung, 24 Stunden am Tag. Mit ihnen ist weniger Aufwand verbunden, sie haben eine hohere Reichweite, und die Wirkung jeder einzelnen

Botschaft ist messbar. Jede Botschaft lässt sich auf Basis von Nutzungsdaten zielgruppenspezifisch ausspielen, was »Microtargeting« genannt wird. Zusätzlich lässt sich durch die ständige Verfügbarkeit dauerhaft Propaganda ausstreuen und damit der *Confirmation Bias*, der Bestätigungsfehler, schier ins Unendliche steigern, also der unbewusste Drang von Menschen, Informationen und Deutungen bevorzugt aufzunehmen, die die eigenen Überzeugungen bestätigen.

Außerdem ermöglichen soziale Medien das, was John Oddo, ein amerikanischer Sprach- und Kommunikationswissenschaftler, »horizontale Propaganda«[8] genannt hat, die die »klassische« vertikale Propaganda von oben oder von der Spitze der Propagandapartei ergänzt und erweitert. Bei der horizontalen Propaganda wird der richtige Impuls zur rechten Zeit über einschlägige Gruppen, Vorfeldorganisationen, Sympathisant:innen, Trolle und Bots durch Teilen und Kommentieren in die Horizontale transportiert. Der Propagandist muss nur die Impulse setzen; Verbreitung und Überzeugungsarbeit übernehmen andere, die dadurch selbst noch einmal stärker an die Propagandapartei gebunden werden. Die Propagandapartei wird als einzig wahre Stimme des Volkes bestätigt, da die Propaganda vom Volk selbst mittransportiert und authentifiziert wird – Propaganda nach dem Schneeballprinzip.

Es ist wichtig anzuerkennen: Soziale Medien sind ein massenpsychologisch geprägter Raum. Dort herrschen entsprechende Effekte vor, und es lässt sich Massenverhalten vorsätzlich erzeugen. Im Netz scheinen sich die Einzelnen anonym zu fühlen, ganz so, als seien sie Teil einer Masse. Soziale Medien werden offensichtlich als gesetzesfreier Raum angesehen, in dem einem so schnell nichts passiert, wenn man über die Stränge schlägt.

Nach Le Bon empfinden die Einzelnen in der Masse ein Gefühl unüberwindlicher Macht. Zugleich herrsche durch die Anonymität eine Unverantwortlichkeit. Das Verantwortungsgefühl der Einzelnen, das sie zügele, verschwinde völlig. Das führe zu einem besonderen Verhalten:

> »Als Einzelner war er vielleicht ein gebildetes Individuum, in der Masse ist er ein Triebwesen [...]. Er hat die Unberechenbarkeit, die Heftigkeit, die Wildheit, aber auch die Begeisterung und den Heldenmut ursprünglicher Wesen.«[9]

Zu dieser Triebhaftigkeit kämen im Massenverhalten Reizbarkeit, Unfähigkeit zum logischen Denken, Mangel an Urteil und kritischem Geist und insbesondere überschwängliche Gefühle.[10] Die Masse sei unduldsam. Der Einzelne könne Widerspruch und Auseinandersetzung anerkennen, die Masse dulde sie niemals.

> »In den öffentlichen Versammlungen wird der leiseste Widerspruch eines Redners sofort mit Wutgeschrei und groben Schmähungen beantwortet, und wenn der Redner beharrlich ist, folgen leicht Tätlichkeiten, und der Redner wird hinausgeworfen. Ohne die einschüchternde Anwesenheit der Sicherheitsbehörde würde man oft den Gegner lynchen.«[11]

Der Philosoph und Literaturnobelpreisträger Elias Canetti prägte 1960 in *Masse und Macht* den Begriff »Hetzmassen«.[12] Es ist verblüffend, wie sehr diese vor langer Zeit getätigten Schilderungen auf die Social-Media-Welt von heute passen. Oft ist die Verrohung in sozialen Medien thematisiert worden, eine Welt außer Rand und Band, überbordende verbale Aggression, Schmähungen, Hassrede, Mordfantasien und -drohungen; die Unfähigkeit und der Unwille zum Dialog. Das Niederbrüllen im Netz. Die gereizte Gesellschaft, die dort am deutlichsten zum Vorschein kommt. Diese ungezügelte Enthemmung wurde häufig auf technologisch erzeugte Filterblasen zurückgeführt – und auf Echokammern, die durch Netzwerkbildung Gleichgesinnter entstünden. Hier wird die These vertreten, dass sie vor allem auf Massenverhalten zurückzuführen ist, das im Netz triggerbar ist – und von Propagandist:innen getriggert wird. Als Meister:innen der Manipulation können sie im Netz Masse formen. Ihre Maxime scheint »Befeuere Massenverhalten!« zu lauten.

Diese Perspektive wird auch durch Forschung der Gegenwart gestützt. Der Wirtschaftspsychologe Thomas Brudermann hat zu massenpsychologischen Dynamiken geforscht. Mehrere Faktoren beeinflussen demnach, ob sich eine Information massenpsychologisch überträgt oder nicht. Brudermann spricht von »Ansteckung«. Die beiden wichtigsten Faktoren sind für ihn zum einen Anzahl und Einfluss der *Initial Agents*, also Akteur:innen, die im frühesten Stadium eine Information vorsätzlich in die Welt bringen. Zum anderen handelt es sich um die *individuelle Reizschwelle*. »Sie entscheidet darüber, ob und wie leicht ein Mensch von anderen Menschen mit einem psychologischen Erreger, zum Beispiel einer bestimmten politischen Einstellung [...] angesteckt wird.«[13] Minimale Verschiebungen der durchschnittlichen Reizschwellen seien entscheidend dafür, ob eine Botschaft verfange oder nicht.

Dies führt zu der kritischen Erkenntnis, dass für Propagandist:innen drei Ziele in Social Media Vorrang haben: Sie wollen die Anzahl der Initial Agents generell steigern, sie wollen zusätzlich die Anzahl der Initial Agents mit hohem Einfluss (sprich Follower:innenzahl und Interaktionsrate) erhöhen und sie wollen die individuelle Reizschwelle absenken. Um diese Ziele zu erreichen, versuchen sie große Emotion und wiederkehrende Eskalation bestimmter Themen wie Migration zu erwirken. Sie verfolgen die Ziele, um die oben erwähnte horizontale Propaganda zu intensivieren, speziell im Rahmen von Verschwörungsbehauptungen, den Meta Frames und im Verwirrspiel um Lüge und Wahrheit.

Soziale Medien sind das perfekte Werkzeug für emotionale Ansteckung – im Guten wie im Schlechten. Die finnische Investigativjournalistin und anerkannte Analytikerin von Informationskriegen Jessikka Aro warnt, in Händen von Propagandist:innen würden die sozialen Medien zu »psychologischen Massenvernichtungswaffen«.[14] Die sozialen Netzwerke haben ihre fundamentale Verantwortung hierfür sehr lange, wenn nicht bis heute, negiert. 2011 wies etwa der Google-Mitarbeiter Guillaume Chaslot intern darauf hin, dass der Algorithmus von YouTube so gebaut sei, dass er immer mehr vom gleichen Inhalt anbieten würde. Dies könne dazu führen, dass unwahre Inhalte vom Algorithmus massiv gepusht würden.

Er machte einen Vorschlag, wie Google dem entgegenwirken und Inhalte vielfältig halten könne, doch seine Chefs schoben das Thema beiseite.[15] Facebook-CEO Mark Zuckerberg hat jahrelang argumentiert, auf seiner Plattform herrschten Rede- und Meinungsfreiheit. Und er hat insbesondere Politiker:innen immer mehr von dieser »Freiheit« eingeräumt – die Freiheit, ungehindert Lügen im großen Stil, Hetze und Gewaltaufrufe, die teilweise in tödlicher Gewalt endeten, zu verbreiten. Was für ein Missbrauch des Begriffs Meinungsfreiheit, was für ein billiges PR-Feigenblatt.

Zu dieser Freiheit gehörte natürlich auch, millionenschwere Anzeigekampagnen bei Facebook zu schalten. Der Algorithmus, der Effekthascherei und Traffic jeder Art befeuerte und massiv weiterverbreitete, stand nicht zur Disposition. Erst als Trump in der Wahlnacht im November 2021 das Thema »gestohlene Wahl« verbreitete, griff Facebook zu einer Notfalländerung des Newsfeed-Algorithmus. Eine Änderung, die also sehr wohl möglich ist. Das Nachrichten-Ökosystem »Qualität« (»News Ecosystem Quality«), wie Facebook es nennt, wurde nun höher gewichtet, sprich nachweisliche Qualitätsmedien wurden vom Algorithmus stärker beachtet und ausgespielt. Journalistische Vertrauenswürdigkeit und verlässliche Quellen konnten von Facebook präferiert werden. Die beiden Journalistinnen der *New York Times* Sheera Frenkel und Cecilia Kang schreiben dazu in ihrem Buch *Inside Facebook*: »Für die Dauer von fünf Tagen nach der Wahl erschien Facebook als ein ruhigerer, weniger spalterischer Ort.«[16]

Der negative, hetzerische, die Wirklichkeit ad absurdum führende massenpsychologische Effekt von Propaganda, Hass und Falschinformation ließe sich also von den Betreiber:innen sozialer Medien dauerhaft abschwächen und eindämmen. Allerdings stellte Facebook fest, dass der »nettere« Newsfeed weniger Aufrufe und kürzere Verweildauern hervorbrachte. Das war schlecht fürs Geschäft. Gier und Selbstherrlichkeit machten Zuckerberg zum Steigbügelhalter von Diktatoren und solchen, die es werden wollen.

Die massenpsychologischen Effekte sind Facebook und den anderen sozialen Netzwerken natürlich nicht entgangen. Facebook führte bereits 2012 ein heimliches Experiment durch. Manchen Nutzer:innen wurden fröhliche Inhalte gezeigt, anderen traurige. Es stellte sich heraus, dass negative Posts die Nutzer:innen mit negativen Äußerungen reagieren ließen, während positive Inhalte dazu führten, dass sich Nutzer:innen positiver äußerten. 2014 veröffentlichte Facebook dazu einen Forschungsbericht und machte das Experiment öffentlich. Darin schrieben die Facebook-Mitarbeiter:innen:

»Mithilfe von Gefühlsansteckung lassen sich Gefühlslagen auf andere übertragen, sodass diese die gleichen Dinge fühlen, ohne sich dessen bewusst zu sein.«[17]

Die Macher:innen sozialer Medien wissen um das massenpsychologische Potenzial ihrer Plattformen. Propagandaparteien nutzen sie.

Die Masse kennt laut Le Bon nur extreme Gefühle. Aus diesem Grund werde aus Zuneigung für eine Führerfigur schnell Anbetung:

»Anbetung eines vermeintlich höheren Wesens, Furcht vor der Gewalt, die ihm zugeschrieben wird, blinde Unterwerfung unter seine Befehle, Unfähigkeit, seine Glaubenslehren zu untersuchen, die Bestrebung, sie zu verbreiten, die Neigung, alle als Feinde zu betrachten, die sie nicht annehmen.«[18]

Dieses religiöse Motiv bis zur Hörigkeit hat bekanntermaßen bei Hitler eine zentrale Rolle gespielt. Es wurde von Goebbels ganz bewusst inszeniert. Auch heute feiern Anhänger:innen Propagandapolitiker wie Orbán und Erdoğan als Heilsbringer. Wieder ist es aber Donald Trump, der das Arsenal der Propaganda ausgeschöpft hat wie kein Zweiter. Es ist oft von der »Fanbase« Trumps berichtet worden. Der Begriff »Fan« trifft es bei näherer Betrachtung ziemlich präzise. Viele Anhänger:innen Trumps haben eine fanatische emotionale Bindung zu ihm aufgebaut, der Sturm des Kapitols nach nur einigen vagen Sätzen von ihm ist der vielleicht beste und zugleich übelste Beweis dessen. Kurz zuvor hatten sich Trump und seine Fans während seiner Rede gegenseitig ihrer »Liebe« versichert. Seine Fans bewundern Trump, betrachten ihn teils als »Erlöser«, verzeihen ihm und, alles entscheidend, *glauben* ihm. Trump habe die Republikaner zu einer Art Sekte gemacht, hieß es sogar innerhalb der Partei.[19]

Wie ein Führer Anbetung und Gefolgschaft im Rahmen seiner Reden vor der Masse herstellen kann, skizzierte Le Bon regelrecht wie eine Handlungsanleitung. Der Redner wende sich bei der Masse »niemals an ihre Vernunft«. Man müsse den Anschein erwecken, dass man ihre Gefühle teile, ehe man sie gezielt manipuliere. Der Redner müsse klare Ausdrücke gebrauchen, einfache Sprache, starke Bilder, denn die Masse werde nur durch besonders intensive Gefühle aktiviert. Die Massenlogik zeichne sich durch oberflächliche Verknüpfung ähnlicher Dinge und die vorschnelle Verallgemeinerung von Einzelfällen aus, und dies müsse ein Führer bedienen.[20] So reden Propagandapolitiker:innen von *den* Juden, *den* Muslimen, *den* Vergewaltigern aus Lateinamerika. Sie schmeicheln sich in einer Aufdringlichkeit als wahre Stimme des Volkes ein, dass nur kollektivistische Blendung erklären kann, warum Menschen dieses fadenscheinige Buhlen um ihre Gunst anziehend finden, fernab jeder inhaltlichen Betrachtung. Die starken Ausdrücke und die normbrechende Sprache der Propagandapolitiker:innen sind hier bereits behandelt worden. Sie reden dem Volk nach dem Mund, weil ihr eigentliches Ziel – die Macht um der Macht willen – dies erfordert.

Aufgabe des Führers ist es laut Le Bon, Glauben zu erwecken und Fixpunkt zu sein, auf den sich die Masse ausrichten kann. Dafür müsse ihr der Führer eine Idee nahebringen, was aufwändig sei. »Hat sich aber eine Idee endlich in die Seele der Massen eingegraben, dann entwickelt sie eine unwiderstehliche Macht.«[21] Die politische Idee, deren wichtige Rolle bereits im zweiten Kapitel dargelegt wurde, bekommt an dieser Stelle auch psychologische Relevanz. Sie ist, verkörpert vom Anführer, der größtmögliche und langlebigste Rahmen, der Masse ausrichten und gewünschtes Verhalten befördern kann.

Le Bon hat auch das Verhältnis von Massen zu Lüge und Wahrheit untersucht. Die Masse sei durch Logik nicht zu beeinflussen, so sein Schluss. Sie sei durch wunderbare und legendäre Aspekte am stärksten ergriffen. Das Unwirkliche habe stets Vorrang vor dem Wirklichen. Die Masse müsse von einer übermäßigen Leichtgläubigkeit sein, und nichts erscheine ihr unwahrscheinlich. So kämen die unwahrscheinlichsten Legenden und Berichte zustande.[22] Lüge oder Wahrheit – das spiele für die Masse keine Rolle. Unerwünschte Tatsachen ignoriere sie, während sie sich, ohne zu zögern, Lügen zuwende, die verführerisch auf sie wirkten. Le Bon schließt, dass man die Masse leicht beherrschen könne, wenn man sie zu täuschen verstehe, und immer schon verloren habe, wenn man sie aufzuklären versuche.[23]

Im Zusammenhang mit dieser Leichtgläubigkeit der Masse griff Le Bon Verschwörungsbehauptungen seiner Zeit auf und beschrieb schon Ende des 19. Jahrhunderts, wie offen geformte Menschenmengen für Verschwörungsbehauptungen sein konnten. Und so zeigt auch die Psychologie, warum Propagandapolitiker:innen ein spezielles Verhältnis zu Lüge und Wahrheit haben: Die Masse belohnt die Wahrheit nicht, sondern nur die Bestätigung ihrer selbst.

Kapitel 9

Von Diffusionskammern, Spillover und Treppen-Argumenten

In den vorigen Kapiteln wurden Strategien wie das horizontale Propagieren, das Nutzen massenpsychologischer Ansteckung oder das Verführen durch Anschlussfähigkeit an die Gedanken- und Gefühlswelt vorgestellt. Stellt sich die Frage: Wie funktionieren diese Strategien auf einer taktischen und praktischen Ebene? Wie werden sie umgesetzt? In diesem Kapitel soll es um drei Muster gehen, die Propagandist:innen häufig verwenden: Diffusionskammern, Spillover und Treppen-Argumentationen.

Ein Thema, das schon seit einer Weile in Medien und Politik große Aufmerksamkeit bekommt, sind die sogenannten Echokammern im Netz. Dieses Phänomen trage – zusammen mit den durch Algorithmen erzeugten Filterblasen – zur Polarisierung der Gesellschaft bei. Die Vorstellung hinsichtlich Echokammern ist, dass sich Gleichgesinnte in ihre Netzwerke zurückziehen und virtuell geschlossene Räume bilden, in denen sie sich in ihren Ansichten und Einstellungen gegenseitig bestärken und teils radikalisieren. Diese Erläuterung greift jedoch zu kurz. Sie lässt den Trugschluss zu, dass keinerlei übergeordnete Interessen im Spiel seien, sondern lediglich das zufällige Zusammenspiel zweier Partikularinteressen: der Wunsch einer Gruppe, unter Gleichgesinnten zu sein, und das kommerzielle Interesse von Plattformbetreibern wie Meta, durch Empfehlungen ein gewinnbringendes User-Verhalten zu aktivieren. Unterbelichtet oder gar übersehen wird hier, wie sehr sich die Echokammern propagandistisch ausnutzen lassen. Und wie sie tagtäglich entsprechend ausgenutzt werden.

Echokammern sind nur vermeintlich geschlossen: Sie sind in mindestens zwei Fällen halb- oder selektiv durchlässig. Das betrifft zunächst neue Mitglieder. Es lässt sich beobachten, dass Echokammern meist wachsen und seltener schrumpfen. Also muss es für neue Mitglieder möglich sein, der Echokammer beizutreten – nämlich durch Liken, Teilen und Kommentieren. Die Kammer ist also für Sympathisant:innen durchlässig. Neue Mitglieder können bereits den Kern der Überzeugungen, die in der Echokammer vorherrschen, teilen. Sie haben möglicherweise nur verspätet von diesem Raum der Gleichgesinnten erfahren. Es kommt zum verzögerten Beitritt.

Sehr viel wichtiger ist allerdings der zweite Fall von Halbdurchlässigkeit. Hier spielt die Echokammer gezielt Inhalte über ihre Grenzen hinweg aus. Sie sollen Menschen erreichen, die sich bisher nicht zur Echokammer zählen lassen, aber themenspezifische, angrenzende Gesinnungen und Einstellungen haben können. Das AfD-Milieu bemüht sich zum Beispiel intensiv um das konservative Milieu der CDU und um nationalliberale Kreise der FDP. Da kann es um einen Feind oder ein Empörungsthema gehen, das prinzipiell bei mehreren Milieus Anklang findet. Dieses Vorgehen lässt sich als *Spillover-*

Taktik bezeichnen. Der propagandistische Funke soll überspringen auf Menschen, die in Reichweite der eigenen Ansichten und Einstellungen sind. Entsprechende Analysen zeigen, wie bestimmte Botschaften außerhalb der Echokammer für zielgenaue Resonanz sorgen. Echokammern sind in Wirklichkeit also vor allem *Diffusionskammern*. Propaganda nutzt diese geschützten, halbdurchlässigen Heimstätten der Massenpsychologie zu ihrem Vorteil.

Die Spillover-Taktik bezieht sich außerdem auf die klassischen Medien. Sie sollen zu Berichterstattung animiert, wenn nicht gar getrieben werden. Einzelne Journalist:innen werden getaggt, das heißt, ihr Name und Account werden mit dem Inhalt verbunden, sodass sie auf das Thema aufmerksam gemacht werden. Sie werden auch gezielt angesprochen und aufgefordert, zu diesem – angeblichen – Skandal nicht zu schweigen, sondern darüber zu berichten. Der Nutzen liegt auf der Hand: Ein Thema aus einer Kammer in die klassischen Medien überschwappen zu lassen, adelt es, erhöht die Glaubwürdigkeit und maximiert die Reichweite. Ein Verstärker par excellence.

Sehr spitze, provokative Aussagen gehören zu den offensichtlichen Beispielen. Ein in diesem Zusammenhang häufig zitiertes Beispiel ist ein Tweet von Marcus Pretzell, dem damaligen Chef der AfD in Nordrhein-Westfalen. »Es sind Merkels Tote«, postete er wenige Minuten nach der mörderischen Terrorfahrt von Anis Amri auf dem Berliner Breitscheidplatz an Weihnachten 2016. Pretzell beherrschte damit Teile der Diskussionen im Netz und nicht wenige Schlagzeilen in den klassischen Medien. Pretzell erklärte, er nutze soziale Medien, um »Journalisten zu triggern«.[1] So geht Spillover. Dieses Manöver steht auf der Tagesordnung der Propagandist:innen. Und auch hier gilt: Steter Tropfen höhlt den Stein. Wieder und wieder wird in dieselbe Kerbe geschlagen.

Allerdings gibt es auch ambitioniertere Spillover-Manöver. Aus meiner Zeit als Kommunikationschef der ARD lässt sich das Beispiel »Reichsflagge« berichten. Anfang Oktober 2020: Am Samstagvormittag eines langen Wochenendes rumort es im Netz. Auslöser ist ein kurzes Video. Es zeigt, wie zwei Männer eine Reichsflagge aus ihrem Kofferraum holen, um auf einer Querdenker:innen-Demonstration in Köln gegen die Corona-Politik der Regierung zu demonstrieren. Filmende Passant:innen fragen, ob das denn sein müsse. Das ist alles. Aus dieser kurzen Interaktion wird in der rechten Blase die Geschichte gemacht, es handle sich bei den zwei Männern um WDR-Mitarbeiter, die die Veranstaltung diskreditieren wollten. Wenn keiner auf der Demo eine Reichsflagge trage, müsse der WDR eben dafür sorgen, die »richtigen« Bilder zu generieren. Als Beweise wurden zwei Porträtfotos von WDR-Webseiten angeführt, die die beiden »Täter« zeigen sollten.

Spätere Analysen zeigten, wie Mitglieder der Diffusionskammer durch aufeinander abgestimmtes Teilen und Kommentieren einen vermeintlichen Shitstorm auslösen und große Empörung im Volk simulieren wollten. Bots mögen eine ergänzende Rolle gespielt haben. Algorithmen springen auf hohen Traffic in kurzer Zeit an, weil ein Thema messbar für richtig Gesprächsstoff und quantitativ relevanten Austausch zu sorgen scheint, was zu einer ganz wichtigen Währung der sozialen Medien geworden ist. Folglich verstärkt der Algorithmus automatisch den Ursprungspost, indem er ihn weiteren Kreisen zugänglich macht und ihn bevorzugt ausspielt.

Mehrere Journalist:innen wurden auf die Reichsflagge-Behauptung hingewiesen. Keine Stunde nach der Erstveröffentlichung im Netz meldete sich ein genervter Journalist, er würde ständig getaggt werden, und er müsse der Sache nachgehen, denn der Vorwurf rechtfertige Verdachtsberichterstattung, ein Statement oder Aufklärung in den nächsten zwei Stunden sei nötig, dann sei Redaktionsschluss. Nun prüfen Sie einmal an einem Wochenende binnen zwei Stunden in einer Organisation mit tausenden festen und noch einmal so vielen freien Mitarbeiter:innen sowie zahlreichen zuarbeitenden Produktionsfirmen zweifelsfrei, ob eine einzelne Person in einem Video vielleicht doch im weitesten Sinne ein Mitarbeiter Ihres Unternehmens ist.

In der Zwischenzeit schäumte die Diffusionskammer im Bemühen, den Spillover zu schaffen. Sie führte angebliche Beweise und weitere Verdachtsmomente ins Feld – die massenpsychologische Propagandamaschine im Netz arbeitete an der Live-Meinungsbildung. Und der Artikel für ein großes Blatt war längst in der Mache. Die Vorwürfe ließen sich bald entkräften, was natürlich angezweifelt und mit vermeintlichen Gegenbeweisen infrage gestellt wurde – bis sich am Folgetag eine der beiden Hauptpersonen im Video öffentlich als »Patriot« zu erkennen gab, der aus freien Stücken, aus eigener Überzeugung und ohne jede Verbindung zum WDR an der Demonstration teilgenommen hatte.

Der angebliche Zusammenhang zum WDR war also frei erfunden worden. Vermutlich in der Hoffnung, dass es schon irgendeinen Schaden anrichten werde. Diese

Taktik wird in der Propagandaliteratur seit langem »verrotteter Hering« genannt, irgendetwas wird vom Gestank des bösen Verdachts schon bleiben. Die Nachricht ist schließlich immer größer als die Richtigstellung.

Gerade bei zentralen Argumentationen stützt und orchestriert die Propaganda die Spillover-Taktik durch eine ganz bestimmte, manipulative Rhetorik. Diese zielt darauf ab, Zweifler:innen die Zustimmung so leicht wie möglich zu machen. Anhänger:innen bekommen zudem eine wirksame Sprachregelung zur Verbreitung und Überzeugungsarbeit mitgegeben. Diese Propagandarhetorik soll hier als *Treppen-Argumentation* bezeichnet werden. Sie führt Stufe für Stufe zur Position der Propagandapartei.

Diese Technik kann als Weiterentwicklung der 60/40-Methode gelten, als deren Erfinder Goebbels gilt. Sechzig Prozent einer Berichterstattung sollten faktengetreu sein, um das Vertrauen der Leser:innen zu gewinnen. Zu vierzig Prozent wurde die gewünschte Falschinformation beigefügt, die dem Bericht seinen propagandistischen Wert gab.

Bei der Treppen-Argumentation geht es nicht mehr um Presseberichterstattung und Fakten. Es geht um direkte Ansprache im Netz durch Werturteile. Die erste Stufe beinhaltet eine Aussage, der maximal viele Menschen zustimmen, im Idealfall gar die Mehrheit. Damit wirft der Propagandist einen Anker der Anschlussfähigkeit aus. Er beansprucht gesellschaftlich breit akzeptierte Standpunkte für sich, die aber lediglich als sozialverträgliche Herleitung einer ganz anderen Position dienen. Die eigentliche Position erscheint dadurch »mittiger« und akzeptabler, als sie für sich genommen wäre. Hier werden

Steigbügelhalter-Argumente verwendet, die der Infiltrierung breiterer Massen und als Camouflage dienen. Auch die zweite und die dritte Stufe müssen sich an eine breite Wählerschaft und Zielgruppe richten und für diese nachvollziehbar sein; sie müssen über den harten Kern und den zweiten, weicheren Kreis von Sympathisant:innen der Propagandapartei herausreichen. Erst am Ende der Treppen-Argumentation kommen die eigenen Standpunkte ins Spiel. Sie sollen wie sinnvolle Ableitungen von mehreren zustimmungsfähigen Thesen wirken. Die eigentliche Position steht dadurch nicht im Zentrum, sondern wird als Höhepunkt einer scheinlogischen Kette aufgebaut, der eine vermeintliche Zwangsläufigkeit unterliegt.

Bis zu diesem Punkt hat die Propaganda dafür gesorgt, dass der Empfänger mehrfach die getroffenen, allgemeineren Aussagen bestätigt hat. Ja, ja, ja – die Person wird dadurch eingenommen und psychologisch positiv ausgerichtet. Die politische Distanz erscheint viel geringer. Am Ende geht so ein Ja zu radikalen Schlussfolgerungen viel leichter über die Lippen.

Treppen-Argumentationen dienen als propagandistische Plausibilitätsmaschine. Bleiben wir beim öffentlich-rechtlichen Rundfunk, der sich mit dieser Argumentationsfigur europaweit konfrontiert sieht. Auf der ersten Treppenstufe formuliert die Propaganda folgende These: »Der öffentlich-rechtliche Rundfunk ist zu teuer.« Hier wird bewusst eine Aussage gewählt, der möglichst viele Menschen prinzipiell zustimmen können. Eine Aussage, die beinahe den Common Sense zu treffen scheint, gar individuell erlebbar ist, schließlich sind die meisten Menschen in vielen Ländern Europas gesetzlich verpflichtet, einen Rundfunkbeitrag zu zahlen.

Auf Stufe zwei folgt die Aussage: »Der öffentlich-rechtliche Rundfunk ist zu groß.« Auch dieser These werden viele Menschen spontan zustimmen, auch wenn sie nicht mehr ganz so nah an ihrem persönlichen Erleben sein wird.

Auf der dritten Stufe lautet die These: »Der öffentlich-rechtliche Rundfunk ist übrigens auch einseitig in seiner Berichterstattung.« Die Zustimmung hierzu wird in der Breite nachlassen. Aber diese Aussage hat in konservativen und liberalen Kreisen durchaus ihre Anhänger:innen.

Nun wird auf der vierten Stufe behauptet: »Der öffentlich-rechtliche Rundfunk muss dringend reformiert werden.« Dies ist die erste Folgerung aus den bisherigen Thesen, der in dieser Allgemeinheit die Sympathisant:innen der ersten drei Treppen-Argumente größtenteils zustimmen können. So hat der Propagandist mit einigen allgemeineren Thesen vier Mal Zustimmung produziert. Vier Mal haben Rezipient:innen innerlich »Ja« gesagt.

Nachdem das Feld auf diese Weise inhaltlich und psychologisch bestellt ist, setzt nun auf der Stufe fünf langsam die propagandistische Botschaft ein: »Der öffentlich-rechtliche Rundfunk muss drastisch verkleinert werden.«

Und gleich darauf kommt man auf Stufe sechs zu des Pudels Kern: »Eigentlich gehört er sogar abgeschafft. Aber wir wollen mal nicht so sein – wir fordern die Reduzierung auf einen Grundfunk.«

Dies entspricht in Deutschland der aktuellen Forderung der AfD. Sie hat ihre ganz radikale Position – Abschaffung – aufgeweicht. Denn mit dieser Forderung stand sie alleine da, isolierte sich selbst und musste schließlich anerkennen, dass die Forderung nicht durchsetzbar ist. Vor allem war sie propagandistisch nicht anschlussfähig im Sinne der Spillover-Taktik. Über einen minimierten Rundfunk lässt sich als AfD mit Teilen der FDP und der Union aber durchaus ins Gespräch kommen. Die kleinere Forderung hat größere Anziehungskraft und somit mehr propagandistischen Nutzwert. Und ist der Schritt erst einmal gelungen, ist es in einem zweiten Schritt nicht mehr weit zum eigentlichen Ziel der Abschaffung. Die wirklichen Absichten, unabhängige Beobachter:innen und Propagandakritiker:innen mundtot zu machen sowie Vertreter:innen der offenen Gesellschaft und Räume des gesellschaftlichen Dialogs zu delegitimieren, bleiben im Verborgenen.

Treppen-Argumentationen ziehen sich durch die gesamte Propagandarhetorik entsprechender Parteien. So auch in Russland: Seit 2013 stehen positive Äußerungen über Homosexuelle in Anwesenheit von Kindern unter Strafe. Putin spottet gern über »Gayropa« und tituliert die Demokratien Europas als »Homokratien«.[2] Seine grundlegende Treppen-Argumentation ist feiner aufgebaut:

Stufe 1 Wir haben eine eigene russische Identität.
Stufe 2 Darin sind uns traditionelle Werte wichtig.
Stufe 3 Zum Beispiel der traditionelle Familienwert von Mann und Frau.
Stufe 4 Das ist ganz normal. Homosexualität ist anormal.
Stufe 5 Der Westen will uns das Thema Homosexualität aufdrücken.
Stufe 6 Wir weisen diesen Kulturimperialismus des Westens zurück.
Stufe 7 Der Westen soll aufhören, russische Kinder indoktrinieren zu wollen.

Erst mit Stufe fünf setzt die eigentliche Propagandabotschaft ein, die aus einer erzreaktionären Gesetzgebung eine Attacke des Westens macht, gegen die sich Russland wehren müsse.

Ob Diffusionskammer, Spillover-Taktik oder Treppen-Argumentation – um all diese Distributions- und Überzeugungstechniken dauerhaft zu bedienen, braucht es neben massivem Ressourceneinsatz auch viel kommunikatives »Futter«. Erforderlich wird zudem eine ständige Selbstübertreffung, denn der Reiz muss gesteuert und die Masse im emotionalen Ausnahmezustand gehalten werden. Wut und Hass gegenüber den Gegner:innen sind zu schüren, Euphorie und Engagement für die gemeinsame Sache aufrechtzuerhalten. Mit der Zeit muss der Reiz gesteigert werden, um die Aufmerksamkeit der Massen immer wieder zu erobern; »ein politisches Ziel, bei dem die Bewegung an ihr Ende kommen würde, gibt es überhaupt nicht«, hatte schon Hannah Arendt nach der Nazi-Zeit festgehalten.[3] SS-Führer Heinrich Himmler hatte die Perversion der faschistoiden Selbstübertreffung in einem einzigen Satz auf den Punkt gebracht: Bei der Auslese dürfe es nie Stillstand geben.[4] Diesen Gedanken mag jeder Leser und jede Leserin für sich zu Ende denken.

Einmal mehr müssen wir zur Kenntnis nehmen, dass Dinge, die heute kaum bekannt sind oder wenig verstanden werden, nur wenige Jahrzehnte zuvor bereits offen auf dem Tisch lagen. An der zwangsläufigen Selbstübertreffung liegt es jedenfalls, dass die meisten Propagandapolitiker:innen mit den Jahren immer schriller in ihren Aussagen und ihrem Tun werden. Trump wirbt nicht mehr zentral mit dem berühmten »Make America

Great Again«, sondern mit »Save America«, was eine deutliche Steigerung des Untergangsszenarios beinhaltet. Er nannte den amtierenden Präsidenten öffentlich einen »Staatsfeind« und sprach von »Säuberungen«, die in Washington nötig seien.⁵ Dieser Drang und Zwang zur Selbstübertreffung macht Propagandapolitiker:innen mit der Zeit immer gefährlicher, weil sie sich selbst unter Druck setzen, auf Worte auch Taten folgen zu lassen, um ihre Glaubwürdigkeit bei ihren Anhänger:innen zu bewahren.

Mit Diffusionskammern, Spillover-Taktiken und Treppen-Argumentationen wurden in diesem Kapitel drei Techniken vorgestellt, wie Propaganda ganz praktisch, gleichsam auf »Arbeitsebene«, so aufgezogen und umgesetzt wird, dass sie möglichst viele und immer mehr Menschen anspricht; Distribution und Persuasion in einem. So werden Propagandawellen erzeugt, die wieder und wieder durchs Netz, die Medien und den gesellschaftlichen Diskurs rollen. Die hohe See der Zwietracht.

Kapitel 10
Die vergiftete Herzkammer der Demokratie

Noch nie war die Welt – speziell die mediale – so anfällig für Propaganda wie heute. Wir erleben eine vollkommene Militarisierung des kommunikativen Raums. Dabei wird das Propagandagift nur an der Oberfläche gegen politische Gegner:innen eingesetzt. In der Tiefe richtet es sich gegen die Herzkammer der Demokratie: den gesellschaftlichen Dialog.

Liberale Demokratien laufen stets Gefahr, sich durch die Verletzbarkeit und Offenheit ihres gesellschaftlichen Grundverständnisses selbst der Unterwanderung preiszugeben. Das ist ehrenvolle Stärke und mögliche Schwäche zugleich. Propagandaparteien haben es nahezu perfektioniert, die Verletzlichkeit des Systems konsequent zu traktieren. Der kommunikative Masterplan der Propagandapolitiker:innen dient nicht nur in seinen einzelnen Strategien und Techniken, sondern vor allem auch in der Summe seiner Einzelteile dem übergeordneten Ziel, den politischen und gesellschaftlichen Dialog unmöglich zu machen. Er muss den Dialog mutwillig zerstören. Die öffentliche Debatte wie die Meinungsbildung – versorgt von anerkannten und kompetenten Normmacher:innen,

Faktensammler:innen und Weltdeuter:innen – läuft dem Streben nach Macht oder Machterhalt der Propagandaparteien diametral entgegen.

So bedienen die Propagandakrieger:innen alle Hebel, die die Welt der Fakten zertrümmern und die Frage nach Lüge und Wahrheit irrelevant machen. Demokratischer Diskurs ist wie gelähmt, wenn man sich nicht einmal auf relevante Fakten einigen kann. Die Gesellschaft wird ihrer Eichung beraubt, ihres Kompasses, ihrer Grundorientierung. Dazu erzeugen Propagandaparteien ständig Entscheidungsdruck – gehört ihr zu uns oder zu denen? Insofern hatten bereits die Nazis eine postfaktische Welt geschaffen, die sie als totalitäres System im Laufe des Zweiten Weltkriegs vollends pervertierten – bis zum Untergang.

»Mit dem kann man ja nicht mehr reden.« Diesen Satz werden Propagandist:innen als Früchte ihrer Arbeit feiern. Der Kollaps des politischen, gesellschaftlichen und eben auch privat-politischen Dialogs ist genau das, was sie wollen. Denn in dieser Herzkammer der liberalen Demokratie entstehen Kompromisse. Kompromisse, die Perspektiven integrieren, machen das Wesen der liberalen Demokratie aus. Eine Demokratie, die nicht mehr fähig ist, Kompromisse zu schmieden, gerät ins Straucheln, wird schwach, produziert keine Ergebnisse und schon gar keine Fortschritte in gesellschaftlich umstrittenen Fragen. Die Probleme häufen sich und damit die Spannungen. Wer den gesellschaftlichen Dialog abwürgt, erstickt langsam, aber sicher die offene Demokratie. Sie verliert an lebensnotwendiger Funktionsfähigkeit. Kompromisse und Fortschritte werden immer weniger durch ihre Adern gepumpt. Probleme bleiben stecken, stauen und häufen sich. Das führen die Propagandist:innen als

Beweis des Versagens der Demokratie an. Der Teufelskreis ist etabliert. Der Ruf nach anderen Anführer:innen und Ansätzen wird lauter und lauter; die Propagandapolitiker:innen haben die Demokratie am Wickel. Ihre Stunde ist gekommen. Sind sie schon an der Macht, dient dies ihrem Machterhalt oder Machtausbau.

Propaganda arbeitet mit Falschinformation, um umfassende Verwirrung zu stiften und, im tiefsten, eine Deformation des gesellschaftlichen Dialogs zu erreichen, bis zur Unkenntlichkeit. Wenn also, wie häufiger zu hören oder zu lesen ist, von einer »Erosion« des gesellschaftlichen Dialogs in der polarisierten Gesellschaft die Rede ist, so ist diese Betrachtung beschönigend unscharf. Erosion klingt doch arg gottgegeben – als sei sie ein unbeabsichtigtes Nebenprodukt vieler Einflüsse, die niemand vorhersehen konnte. Der Begriff verschleiert in naiver Weise, wie gesteuert, gewollt und befeuert sich diese Erosion vollzieht. Wer den Propagandamasterplan nicht durchdringt, bleibt wehrlos. Wer die hochgradig negative Energie des Propagandamasterplans unterschätzt, hat schon verloren. Man ist dann vielleicht erleichtert, wenn Trump abgewählt ist, die AfD abgedriftet und die FPÖ abgehalftert. Doch das Propagandamonster ist trotzdem da. Die Blaupause ist eine äußerst erfolgreiche Vorlage – und äußerst gefährlich. Und Sie können sich sicher sein, dass in diesem Augenblick irgendwo auf der Welt Menschen darüber nachdenken, wie sie die Blaupause verfeinern und optimieren können, zum Beispiel dank immer neuer digitaler Möglichkeiten. Solange das Wahlvolk derart perfide und planvoll manipuliert werden kann – und wird –, gibt es für liberale Demokratien und offene Gesellschaften keine ruhige Minute.

All diese Erkenntnisse sind weitreichend. Hier käme jetzt üblicherweise das Positive. Das Rezept, das den Schock verjagt. Das motivierende Happyend. Viel Klügere haben bereits entsprechende Schlusskapitel formuliert – man müsse die Demokratie stärken, die EU entbürokratisieren, mehr Partizipation und Bürgerentscheide einführen, es brauche mehr Wehrhaftigkeit, politische Bildung usw.

Doch im Lichte der dargelegten Propagandablaupause muss man daran zweifeln, ob diese Stichworte als Gegengift potent genug sind. Außerdem müsste der Angang sinnvollerweise genauso konzeptionell und umfassend sein wie der zu bekämpfende Propagandaansatz, und das würde ein eigenes Buch erfordern. Mindestens. Darüber hinaus ist es absolut diskussionswürdig, ob man einen solchen Ansatz öffentlich kundtun sollte – denn das tun die Propagandist:innen auch nicht. Das Rezept – oder die Rezepte – für den gesamtgesellschaftlichen Umgang bleiben in diesem Buch ungeschrieben. Umso klarer ist zu fordern, dass eine intensive Auseinandersetzung dringend geboten ist; politisch, medial und wissenschaftlich.

Den Leser:innen aber bietet *Alles Propaganda!* – hoffentlich – ein gewisses Rüstzeug, welches den individuellen Blick und die persönliche Achtsamkeit für Propaganda schärft, für ihre verborgenen Ziele, die Zusammenhänge verschiedener Elemente und ihre Strickmuster. Im Umgang mit politischer Kommunikation sollte einem daher immer bewusst sein: Der Mensch ist psychologisch hochgradig beeinflussbar – ob in der Masse oder als Individuum. Er ist es aus sozialen und gruppendynamischen Gründen, er ist es aus der Motivation heraus, sich als »richtig« oder gar als überlegen wahrzunehmen. Er ist es, weil das Gehirn so arbeitet, wie es arbeitet – wie kognitive Verzerrungen à la Bestätigungsfehler und der illusorische Wahrheitseffekt zeigen. Er ist es, weil soziale Medien Mechanismen geschaffen haben, die die psychologischen Abläufe bewusst und gnadenlos ausnutzen und deren Algorithmen rein auf Maximierung von Abrufen und Verweildauern optimiert sind – sprich auf Reichweite für Werbung mit dem Ziel Profit. Aus Sicht der Demokratie ist hier eine offene Flanke entstanden, die die Propagandist:innen missbrauchen. Sie spielen mit der Wahrnehmung und psychischen Verfasstheit der Menschen zum reinen Zwecke der Manipulation im Sinne blinder Gefolgschaft.

Auf all diese menschlichen Schwächen und neueren technischen Möglichkeiten richtet sich also das immense Waffenarsenal der Propagandaparteien: angefangen mit der politischen Idee, die die Partei außerhalb des Spektrums platziert mit dem heimlichen Ziel, Macht um der Macht willen zu erlangen. Hinzu kommt die Nutzung von baugleich aufgezogenen Verschwörungsbehauptungen gegen oben und außen. Sie dienen als Meta Frames, als übergroße Deutungsrahmen, in die Tag für Tag einzelne Ereignisse hineingedeutet werden, die als vermeintliche Beweise dienen sollen. Besondere Wirkmacht entfaltet das Brechen von Kommunikationsnormen wie der Norm sachorientierter Kommunikation oder der Norm der metakommunikativen Integration, die politische Debatten aus der Vogelperspektive betrachtet, weil gelingende politische Auseinandersetzungen essenziell für gesellschaftlichen Dialog und liberale Demokratien sind. Dieser Überbau mündet in ein Verwirrspiel um Lüge und Wahrheit. In diesem Verwirrspiel lügen Propagandist:innen ständig, sagen aber auch – um den Effekt zu maximieren – gerade in unerwarteten Momenten die Wahrheit, sodass die Masse der Menschen ermüdet und Politik nur noch emotional wahrnimmt. Wenn sie nur noch glaubt, gerät sie leicht ins Spielfeld der Propagandaparteien und wird nicht selten zu Wachs in ihren Händen. Propagandaparteien streben danach, zentrale Lügen wahr zu machen, indem sie auf die Fiktion der Lüge Fakten ihres Tuns auftürmen. Als Methoden wurden Spiegelreflexe oder das paradox anmutende Zusammenspiel von Authentifizierungskette und plausibler Abstreitbarkeit aufgezeigt, das Propagandapolitiker:innen maximale Glaubwürdigkeit bei minimaler Verantwortlichkeit sichert. Die Propaganda führt auf diese Weise Krieg gegen die offene Gesellschaft liberaler Demokratien – auch gegen Normmacher:innen, Faktensammler:innen und Weltdeuter:innen. Die sozialen Medien haben die Massenveranstaltungen früherer Zeiten abgelöst. Propagandapolitiker:innen und ihre Entourage missbrauchen Social Media als Raum massenpsychologischer Ansteckung, in dem sie durch stetiges Befüllen ihrer Meta Frames gezielt enthemmtes Massenverhalten schüren, auslösen und bedienen, um Gefolgschaft zu generieren. Hierfür nutzen sie gegen unabhängige Medien Zwickmühlen sowie ihre Diffusionskammern, Spillover-Taktiken und Treppen-Argumentationen.

Der propagandistische Masterplan ist eine politische Realität. Mit ihm werden zig Millionen Menschen tagtäglich – heute, jetzt gerade – gegen die offene Gesellschaft der liberalen Demokratie aufgeladen und aufgestachelt. Dieses manipulative Großkonzept hat sich im vergangenen Vierteljahrhundert wie ein Lauffeuer in den westlichen Ländern, aber nicht nur dort, verbreitet. Die methodischen Bezüge zur Propaganda Nazi-Deutschlands sind genauso nachweisbar wie alarmierend. Die Propagandamaschinen werfen düstere Schatten auf die liberalen Demokratien. Die hemmungslosen Auswüchse der totalitär zu nennenden Kriegspropaganda Russlands dürfen nicht darüber hinwegtäuschen, dass die liberale Demokratie westlichen Typs mit ähnlichen Mitteln unter enormen Druck gesetzt wurde und wird – meist durch Kräfte im eigenen Land. Es gibt keinen vernünftigen Grund anzunehmen, dass Propaganda einfach weggehen oder wegbleiben wird. Sie ist zu wirkungsvoll, zu erfolgreich und zu verführerisch insbesondere für Politiker:innen und Parteien, die Macht um der Macht willen anstreben und keine Skrupel kennen. Die Gefahr ist da. Immer. Wer sich für die Demokratie engagieren möchte, sie verteidigen möchte, sich einsetzen möchte für einen gelingenden gesellschaftlichen Dialog außerhalb von herbeipropagierten Freund-Feind-Schemata, muss die Propaganda der Gegenwart in ihrer Komplexität und in ihren Feinheiten verstehen. Zum Verständnis, aber auch zur Bekämpfung dieses vielköpfigen und vielarmigen Ungeheuers möge dieses Buch einen Beitrag leisten.

Quellen und Anmerkungen

Schockwellen und Monster

1 Stellvertretend seien hier genannt: *Wie Demokratien sterben* von Steven Levitsky und Daniel Ziblatt, *Die Verlockung des Autoritären* von Anne Applebaum und *Der Zerfall der Demokratie* von Yascha Mounk. Aus dem deutschsprachigen Raum sei hingewiesen auf *Propaganda 4.0* von Johannes Hillje, *Die Kraft der Demokratie* von Roger de Weck und *Der neue Nationalismus* von Michael Thumann.
2 Di Lorenzo, Giovanni: Es wird schwieriger. In: *Die Zeit*, 12.4.2022, 1
3 Aro, 15
4 Sösemann, Band 2, 754

Propagandaparteien

1 Aro, 189 ff.
2 https://www.telegraph.co.uk/technology/2017/11/14/governments-30-countries-pay-keyboard-armies-spread-propaganda/
3 Applebaum, 79 f.; Pomerantsev, 185 f.
4 Arendt, 726 f.

Wurzeln: Die politische Idee der Propaganda

1 Kracauer, 34
2 Ebd.
3 Arendt, 669
4 Ebd., 754 f.
5 Hartmann et al., Band II, 1473–1481

6 Kracauer, 39
7 Ebd., 37
8 Sösemann, LII
9 Zit. n. Kracauer, 32. Frappierende Ähnlichkeit mit Trump-Zitat: »Wasn't anybody an American anymore?« (Wolff, 62)
10 Zit. n. Kracauer, 33
11 Thumann, 214
12 Ebd., 215
13 Vetter, 79 ff.
14 Bax, 216–218
15 Wolff, 310
16 Zit. n. Johnston, 412
17 http://www.talk-republik.de/Rechtspopulismus/docs/o3/AfD-Strategie-2017.pdf, 3–5
18 https://www.focus.de/politik/deutschland/neuer-strategie-beschluss-20-prozent-afd-spitze-gibt-ambitioniertes-wahlziel-aus-und-will-sich-der-spd-annaehern_id_11060065.html, https://www.tagesspiegel.de/politik/internes-strategiepapier-warum-die-afd-vom-marsch-durch-die-organisationen-traeumt/25246594.html
19 https://www.welt.de/politik/deutschland/article239911805/Baden-Wuerttemberg-Verfassungsschutz-stuft-AfD-als-Verdachtsobjekt-ein.html
20 https://www.bpb.de/politik/grundfragen/parteien-in-deutschland/afd/273131/wahlergebnisse-und-waehlerschaft

Zersetzung der Kommunikationsnormen

1 Levitsky/Ziblatt, 170–238
2 Ebd., 78 ff.
3 Ulrich Steinkohl, Jörg Blank, Basil Wegener: Laschet: Planungsbeschleunigung wird Schwerpunkt in ersten 100 Tagen. dpa-Meldung vom 21.8.2021
4 Alternative für Deutschland Bundesvorstand (2016): AfD – Manifest 2017. Die Strategie der AfD für das Wahljahr 2017. Onlinequelle: http://www.talk-republik.de/Rechtspopulismus/docs/o3/AfD-Strategie-2017.pdf
5 Zit. n. Thumann, 261
6 Zit. n. Johnston, 377

7 Adam Hodges (2020): When Words Trump Politics. Resisting a Hostile Regime of Language. Stanford: Stanford University Press
8 Hodges, 33

Verschwörungsbehauptungen: Manipulative Umdeutungsrahmen

1 Siehe Benz und auch Evans zu weiteren Verschwörungsbehauptungen im NS-Staat.
2 Lamberty/Nocun, 29 ff.; Butter, 101 ff.
3 Butter, 170
4 Ebd., 174
5 Lamberty/Nocun, 24
6 Morris, insbes. XI–XV, 173–186
7 Siehe auch Butter, 98 f.
8 Ebd. 21 ff.
9 https://www.boell.de/de/2020/11/09/autoritaere-dynamiken-alte-ressentiments-neue-radikalitaet

Große Lügen

1 Siehe kritische Würdigung in Arendts *Elemente und Ursprünge totaler Herrschaft* (771–806) und in Kracauers *Totalitäre Propaganda* (59–62)
2 Zit. n. Kracauer, 61
3 Zit. n. Longerich, 384
4 Kracauer, 59 f.
5 Goebbels (1939), Der Jude, 21.1.1929, 322
6 Butter, 45
7 https://www.zeit.de/politik/ausland/2021-12/russland-ukraine-grenze-militaeruebung-wintermanoever; https://www1.wdr.de/nachrichten/ukraine-konflikt-108.html
8 https://www.washingtonpost.com/politics/how-fact-checker-tracked-trump-claims/2021/01/23/ad04b69a-5c1d-11eb-a976-bad6431e03e2_story.html
9 Zit. n. Hodges, 5
10 Hodges, 61
11 https://www.faz.net/aktuell/politik/inland/merkel-

meinungsfreiheit-heisst-nicht-widerspruchsverbot-1646 9978.html
12 Applebaum, 14
13 Ebd., 44 ff.
14 Nocun / Lamberty, 72
15 Fazio et al., 993–1002
16 Fazio / Sherry, 1150–1160
17 Zit. n. Kracauer, 61
18 Arendt, 714
19 Kracauer, 62

Lüge und Wahrheit – und eine letzte Wendung im Verwirrspiel

1 Applebaum, 49 ff.
2 https://www.derstandard.at/story/2000096296901/wie-george-soros-viktororbans-feindbild-wurde
3 https://www.wiwo.de/politik/europa/us-milliardaer-orbn-gegen-soros/20490804-4.html
4 https://www.derstandard.at/story/2000096296901/wie-george-soros-viktororbans-feindbild-wurde
5 https://www.nzz.ch/international/die-eu-und-der-angebliche-soros-plan-ld.1320976
6 Arendt, 793–838
7 Ebd., 794

Dauerangriff: Die Schlacht um Normen, Fakten und Weltdeutung

1 Goebbels (1934), 178
2 Goebbels (1939), »Großmacht Presse«, 2. 9. 1929, 197
3 Mounk, 59
4 Ebd., 60
5 Goebbels (1939), 73
6 Ebd., 73
7 Ebd., 71
8 https://www.zdf.de/nachrichten/politik/us-wahlen-trump-zitate-tweets-eskalation-100.html
9 Aro, 307 ff.
10 Wolff, 62
11 Arendt, 700

Massenverhalten auf Social Media

1 https://de.statista.com/infografik/19568/tweets-pro-jahr-und-tag-von-donald-trump/
2 https://www.fr.de/politik/donald-trump-twitter-geschichte-eines-social-media-meisters-13338088.html
3 Hillje, 94
4 https://www.dw.com/de/afd-die-macht-in-den-sozialen-medien/a-58906678
5 Bax, 95
6 Le Bon, 29 ff.
7 Ebd., 36
8 John Oddo (2018): The Discourse of Propaganda. University Park, PA: PennState Press
9 Le Bon, 38
10 Ebd., 53
11 Ebd., 56
12 Canetti, 54 ff.
13 Brudermann, 4
14 Aro, 23
15 Pomerantsev, 178 f.
16 Frenkel/Kang, 337
17 Zit. n. Frenkel/Kang, 217 f.
18 Le Bon, 73
19 https://www.deutschlandfunk.de/trump-und-die-republikaner-mehr-eine-sekte-als-eine-partei-100.html; https://www.t-online.de/nachrichten/ausland/usa/id_89400100/us-republikaner-im-kriegszustand-donald-trumps-saat-zerreisst-die-republikaner.html
20 Le Bon, 108
21 Ebd., 65
22 Ebd., 44
23 Ebd., 106

Von Diffusionskammern, Spillover und Treppen-Argumenten

1 Zit. n. Bax, 167
2 https://www.spiegel.de/politik/ausland/wladimir-putin-

ueber-homosexualitaet-wirklich-absolut-unvoreingenommen-a-1275022.html
3 Arendt, 702
4 Ebd., 666
5 https://www.spiegel.de/ausland/wahlkampf-in-den-usa-donald-trump-nennt-biden-einen-staatsfeind-a-a81e3561-6f61-417d-ae02-7d88b948a81f

Literatur

Einige Jahreszahlen in den Literaturangaben sind irreführend, weil es sich um Neuauflagen von Klassikern handelt, die viel früher erschienen sind. Arendts *Elemente und Ursprünge totaler Herrschaft* wurde im Original 1951 publiziert, Canettis *Masse und Macht* 1960, Kracauer verfasste *Totalitäre Propaganda* zwischen 1936 und dem Winter 1937/38, Le Bon veröffentlichte *Psychologie der Massen* 1895.

Alle Übersetzungen aus dem Englischen wurden vom Autor vorgenommen.

Akyol, Çiğdem (2018): Erdoğan. Die kritische Biografie. Freiburg, Basel, Wien: Herder
Alternative für Deutschland Bundesvorstand (2016): AfD – Manifest 2017. Die Strategie der AfD für das Wahljahr 2017. Onlinequelle: http://www.talk-republik.de/Rechtspopulismus/docs/03/AfD-Strategie-2017.pdf
Applebaum, Anne (2021): Die Verlockung des Autoritären. Warum antidemokratische Herrschaft so populär geworden ist. München: Siedler
Arendt, Hannah (1991): Elemente und Ursprünge totaler Herrschaft: Antisemitismus, Imperialismus, Totalitarismus. München: Piper
Aro, Jessikka (2022): Putins Armee der Trolle. Der Informationskrieg des Kreml gegen den Rest der Welt. München: Goldmann
Bax, Daniel (2018): Die Volksverführer. Warum Rechtspopulisten so erfolgreich sind. Frankfurt a. M.: Westend
Benz, Wolfgang (2007): Die Protokolle der Weisen von Zion. Die

Legende von der jüdischen Weltverschwörung. München: C. H. Beck

Butter, Michael (2018): »Nichts ist, wie es scheint.« Über Verschwörungstheorien. Berlin: Suhrkamp

Brudermann, Thomas (2010): Massenpsychologie. Psychologische Ansteckung, kollektive Dynamiken, Simulationsmodelle. Wien: Springer

Canetti, Elias (2021): Masse und Macht. Frankfurt a. M.: S. Fischer (36. Auflage)

De Weck, Roger (2020): Die Kraft der Demokratie. Eine Antwort auf die autoritären Reaktionäre. Berlin: Suhrkamp

Evans, Richard J. (2021): Das Dritte Reich und seine Verschwörungstheorien. Wer sie in die Welt gesetzt hat und wem sie nutzen. München: Deutsche Verlags-Anstalt

Fazio, Lisa K. et al. (2015): Knowledge Does Not Protect Against Illusory Truth. In: Journal of Experimental Psychology: General 2015, Vol. 144, No. 5, 993–1002

Fazio, Lisa K. / Sherry, Carrie L. (2020): The Effect of Repetition on Truth Judgments Across Development. In: Psychological Science 2020 Sep; 31 (9): 1150–1160

Frenkel, Sheera / Kang, Cecilia (2021): Inside Facebook. Die hässliche Wahrheit. Frankfurt a. M.: S. Fischer (2. Auflage)

Goebbels, Joseph (1934): Kampf um Berlin: der Anfang. München: Franz Eher

Goebbels, Joseph (1939): Der Angriff. Aufsätze aus der Kampfzeit. München: Franz Eher (7. Auflage)

Hartmann, Christian et al. (Hg.) (2016): Hitler, Mein Kampf. Eine kritische Edition. 2 Bände. Berlin: Institut für Zeitgeschichte München – Berlin

Hillje, Johannes (2018): Propaganda 4.0. Wie rechte Populisten Politik machen. Bonn: Dietz (2. Auflage)

Hodges, Adam (2020): When Words Trump Politics. Resisting a Hostile Regime of Language. Stanford: Stanford University Press

Johnston, David Cay (2018): Trump im Amt. Salzburg, München: Ecowin

Kracauer, Siegfried (2013): Totalitäre Propaganda. Berlin: Suhrkamp

Le Bon, Gustave (2021): Psychologie der Massen. Hamburg: Nikol

Levitsky, Steven / Ziblatt, Daniel (2018): Wie Demokratien sterben. Und was wir dagegen tun können. München: Deutsche Verlags-Anstalt
Longerich, Peter (2010): Joseph Goebbels. München: Siedler
Morris, Dick (2022): The Return. Trump's Big 2024 Comeback. West Palm Beach: Humanix Books
Mounk, Yascha (2018): Der Zerfall der Demokratie: Wie der Populismus den Rechtsstaat bedroht. München: Droemer
Müller, Jan-Werner (2016): Was ist Populismus? Ein Essay. Berlin: Suhrkamp
Nocun, Katharina / Lamberty, Pia (2020): Fake Facts. Wie Verschwörungstheorien unser Denken bestimmen. Köln: Quadriga
Oddo, John (2018): The Discourse of Propaganda. University Park, PA: PennState Press
Pomerantsev, Peter (2020): Das ist keine Propaganda. Wie unsere Wirklichkeit zertrümmert wird. München: Deutsche Verlags-Anstalt
Sösemann, Bernd (2011): Propaganda – Medien und Öffentlichkeit in der NS-Diktatur. Mitarbeit: Marius Lange. Beiträge zur Kommunikationsgeschichte, Band 25. 2 Bände. Stuttgart: Franz Steiner Verlag
Thumann, Michael (2020): Der neue Nationalismus. Die Wiederkehr einer totgeglaubten Ideologie. Berlin: Die Andere Bibliothek
Vetter, Reinhold (2017): Nationalismus im Osten Europas. Was Kaczyński und Orbán mit Le Pen und Wilders verbindet. Berlin: Ch. Links
Wolff, Michael (2018): Fire and Fury. Inside the Trump White House. London: Little, Brown
Woodward, Bob / Acosta, Robert (2022): Gefahr. Die amerikanische Demokratie in der Krise. München: Hanser

Birand Bingül, 1974 geboren, absolvierte ein Journalistikstudium mit Nebenfach Amerikanistik an der Universität Dortmund. Als Reporter hat er unter anderem für die *Tagesschau* gearbeitet und in den *Tagesthemen* kommentiert. Bingül war außerdem als stellvertretender Unternehmenssprecher des WDR und als Kommunikationschef der ARD tätig. Gegenwärtig ist er Geschäftsführer von fischerAppelt, advisors. Bingül ist Autor mehrerer Bücher.